메타버스 플랫폼 사용법부터 크레                   디는 방법까지

# 한 권으로 끝내는
# 메타버스
# 크리에이터

주종민 지음

생능북스

# 한 권으로 끝내는 **메타버스 크리에이터**

**초판인쇄** 2022년 3월 9일
**초판발행** 2022년 3월 16일
**지은이** 주종민
**펴낸이** 김승기
**펴낸곳** ㈜생능출판사 / **주소** 경기도 파주시 광인사길 143
**브랜드** 생능북스
**출판사 등록일** 2005년 1월 21일 / **신고번호** 제406-2005-000002호
**대표전화** (031) 955-0761 / **팩스** (031) 955-0768
**홈페이지** www.booksr.co.kr
**책임편집** 유제훈 / **편집** 신성민, 김민보 / **디자인** 에프엔(본문)
**마케팅** 최복락, 심수경, 차종필, 백수정, 송성환, 최태웅, 명하나
**인쇄 / 제본** 천일문화사
**ISBN** 978-89-7050-541-1 13000
**정가** 19,000원

## 머리말

　21세기 가장 짧은 기간 안에 주목받은 단어는 바로 '메타버스', '블록체인', 'NFT'와 같은 새로운 기술 관련 용어들입니다. 사람들에게 처음에는 생소하였던 이런 개념들이 언론과 매체에 지속적으로 노출되면서 이제는 어느 정도 친숙한 용어가 되었습니다. 최근에는 이와 관련한 국가자격증이 생긴다는 이야기가 나오고 이에 따라 21종의 민간 자격증이 생기는 등 사회적으로 관심이 뜨겁습니다.

　메타버스metaverse는 메타Meta라는 '가상', '초월'의 의미와 '세상'을 의미하는 유니버스Universe의 합성어입니다. 가상공간 안에서 사회 경제 문화생활이 이루어지는 디지털 가상세계를 의미하는 것입니다.

　우리가 세상을 경험하는 범위가 가족, 학교, 동네, 나라 등의 순서로 확장되는 것처럼 메타버스도 가장 친숙한 가상세계부터 경험해 보면 좋을 것입니다. 널리 사용되고 일반 독자가 접근하기 쉬운 메타버스 플랫폼으로는 게더타운, 제페토, 이프랜드가 있습니다.

## 첫 번째
메타버스 세상인 게더타운은 가상공간에서 만나 참가자들이 대화나 업무를 할 수 있도록 지원해주는 화상회의 플랫폼입니다. 최근 비대면 문화가 확산하면서 다양한 화상회의 플랫폼들을 활용하여 온라인에서 만남을 경험하는 사람들이 급격히 늘어났습니다.

이전에는 주로 화상회의 플랫폼인 줌ZOOM이나 팀즈Teams로 온라인 미팅을 진행하였지만, 여러 단점이 있었습니다. 예를 들어, 참가자들이 화상회의 플랫폼에서의 한 '공간' 안에 있지만, 소속감이나 유대감을 느끼기 어려워 피상적 만남이 되기가 일쑤입니다. 그리고 천편일률적으로 카메라에 얼굴 위주의 모습이 나오는 컨셉은 나만의 개성을 표현하기에도 역부족이었습니다.

그러나 게더타운에서는 이를 극복할 수 있는 몇 가지 기능들이 있습니다.

1. 참가자들 각자가 캐릭터를 하나씩 가지고 있습니다. 아바타인 캐릭터를 꾸밀 수 있는 기능을 이용해 나만의 개성을 표현할 수도 있습니다. 이 캐릭터는 2D 공간으로 구현된 게더타운 회의장 공간 안을 자유롭게 돌아다닐 수 있습니다.
2. 온라인 회의 시간 내내 카메라가 계속 켜져 있는 것이 아니라 캐릭터들끼리 일정한 거리 범위 안에 들어오게 되면 카메라가 켜지면서 대화가 가능합니다. 그래서 기존 화상회의 플랫폼들이 1대 다수로 의사소통을 주로 하였다면 게더타운에서는 삼삼오오 모여 대화를 하는 것도 가능합니다.

3, 디지털 공간 안에서의 만남이지만 캐릭터를 조종하여 어느 정도 물리적 법칙이 적용
되는 환경을 구현할 수 있어 참가자들이 더욱 몰입감을 가지고 온라인 만남에 참여할
수도 있습니다.

# 두 번째

메타버스 세상인 제페토는 네이버Z에서 개발한 3D 아바타 기반
플랫폼입니다. 누적 이용자 수가 2억 명이 넘는 대형 플랫폼 제페
토는 해외 접속자 비율이 90%이고 그중 80%는 MZ세대라고 합니다.

이용자는 제페토 공간 안에서 나만의 개성 있는 아바타를 꾸미고 의상, 액세서리 등의
아이템도 직접 제작할 수 있습니다. 이렇게 제작한 아이템을 제페토 내에서 판매하여 수
익을 거둘 수도 있습니다. 요즘에는 아이템을 전문적으로 만들어 한 달에 1,500만 원 이
상의 수익을 거두는 제페토 크리에이터라는 새로운 직업이 등장할 정도입니다.

제페토 안에서는 나만의 아바타로 활동할 수 있는 가상세계인 '월드'가 있습니다. 월드
에는 다양한 즐길 거리가 마련되어 있고 그 안에서 행사를 진행할 수도 있습니다. 작년에
제페토 내에서 진행된 블랙핑크 팬 사인회에는 무려 4,600만 명의 이용자가 몰릴 정도로
사람들이 큰 관심을 보였습니다.

제페토에서 제공하는 빌드잇이라는 툴을 활용하여 나만의 맵을 만들어 그곳에 친구들을 초대하여 여러 가지 활동을 할 수도 있습니다.

**세 번째** 메타버스 세상인 이프랜드는 SK텔레콤이 2021년 출시한 3D 아바타 기반의 플랫폼입니다. 이프랜드는 비슷한 3D 메타버스 플랫폼들보다 장점을 많이 가지고 있습니다. 가장 큰 매력은 사용이 간편하며 아바타의 의상을 무료로 이용할 수 있다는 점입니다. 또한 자료의 공유가 가능하여 이곳에서 강연, 콘서트, 포럼 등을 할 수 있고 방을 개설하면 무려 131명의 이용자가 동시에 이용이 가능한 점도 이프랜드만이 가지는 매력입니다.

이 책은 독자가 메타버스에 대한 이해와 위의 세 가지 플랫폼을 잘 활용할 수 있도록 하는 데 중점을 두었습니다.

CHAPTER 1에서는 메타버스의 개념 이해와 활용 사례, 그리고 게더타운, 제페토, 이프랜드의 플랫폼별 특징을 설명하였습니다.

CHAPTER 2에서는 게더타운 활용 방법을 자세히 다루었습니다. 게더타운의 특징과 활용 사례, 다양한 기능들의 이용 방법, 공간 설계하는 방법을 설명하는 내용을 다루었

고, 마지막 절에서는 실전 프로젝트로 나만의 강의장 만들기를 하나씩 차근차근 따라 해 보며 강의장을 완성해보고 활용 제안을 하는 내용을 다루었습니다.

CHAPTER 3에서는 제페토 활용 방법을 자세히 다루었습니다. 제페토 활용 사례, 나만의 아바타 꾸미기, 제페토 인터페이스 사용 방법, 젬과 코인 모으기, 월드 체험하기, 빌드잇으로 맵 만들기 실습 내용과 활용 제안, 아이템 만들고 수익 창출하기 등의 내용을 하나씩 따라 하다 보면 누구나 제페토 마스터가 될 수 있도록 하였습니다.

CHAPTER 4에서는 이프랜드의 활용 사례와 캐릭터 꾸미기, 자료 공유 방법을 비롯한 다양한 기능을 익히는 내용을 다루었습니다.

이 책을 통하여 독자 여러분들이 메타버스 크리에이터로서 활약하는데 조금이나마 도움이 되었으면 합니다.

또한 이 책이 발행되기까지 많은 도움을 주시고 고생을 하신 생능출판사 임직원분들과 특히 유제훈 차장님께 깊은 감사의 말씀을 드립니다.

저자 드림

# CONTENT

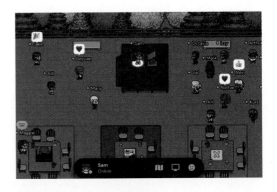

# CHAPTER

## 03 제페토 활용하기

# CHAPTER

## 04 이프랜드 활용하기

# 본문에 수록된 실전 프로젝트 예제 안내

저자가 직접 만든 본문에 수록된 실전 프로젝트의 예제는 게더타운 웹사이트와 제페토 앱에서 확인할 수 있습니다.

## 01 게더타운에서 만든 맵 접속 방법

| PC | 크롬 브라우저에서 아래 주소로 접속<br>https://bit.ly/3gAg0Xk |
|---|---|
| 스마트폰 | 크롬 앱이 설치되어 있어야 합니다.<br>스마트폰으로 아래 QR코드를 스캔하면 됩니다. |

## 02 제페토에서 만든 맵 접속 방법

① 제페토 앱에서 월드 탭에 들어가 화면 오른쪽 상단의 돋보기 모양 아이콘을 클릭합니다.

② 검색 창에 '한옥 리조트'를 입력하고 월드를 검색하여 클릭합니다.

③ 하단의 [플레이] 버튼을 클릭합니다.

④ 제페토 한옥 리조트에 입장하였습니다.

# CHAPTER 01

# 메타버스 이해하기

# 메타버스란?

메타버스Metaverse는 1992년 닐 스티븐슨Neal Stephenson이 쓴 소설인 『스노우 크래쉬』에 처음 등장한 개념입니다. 초월을 의미하는 'Meta'와 세상을 의미하는 'Universe'의 합성어로 '가상의 디지털 우주에 아바타가 사는 세상'이라는 의미입니다.

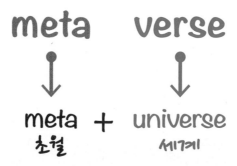

메타버스의 개념은 사람에 따라 약간씩 다르게 정의되고 있지만, 가상의 세계에서 현실 세계와 같은 사회, 문화, 경제활동을 함께 할 수 있게 사람들을 연결해주는 플랫폼이라고 할 수 있습니다.

대표적인 메타버스 소셜 플랫폼으로는 제페토, 게더타운, 이프랜드가 있고 메타버스 게임 플랫폼으로는 로블록스, 엑시 인피니티, 어스2, 디센트럴랜드, 더샌드박스, 모여봐요 동물의 숲 등이 있습니다. 메타버스가 다소 생소한 용어로 들릴지 모르겠지만 우리는 초보적이나마 도토리라는 가상경제 시스템을 가지고 있었던 싸이월드, 가상 세계에서 취직하고 결혼까지 가능했던 세컨드라이프 등의 메타버스적 요소를 가지고 있는 플랫폼들을 거쳐 여기까지 왔습니다.

메타버스 플랫폼은 현재 진화 중이며 앞으로 그 발전 가능성이 무궁무진합니다.

그동안 대면으로 이루어졌던 여러 가지 행사들이 취소되거나 축소된 상황에서 메타버스는 그야말로 대박을 터뜨렸습니다. 포트나이트라는 게임의 가상공간 안에서 BTS의 '다이너마이트'가 공개되면서 1,200만 명이 입장했고, 입장료는 1인당 1만 원으로 총 1,200억 원의 수익을 거두었다고 합니다. 현실 세계의 공연이었다면 1,200만 명이 동시에 모일만한 공간이 없어 불가능한 일이었을 것입니다. 네이버의 플랫폼 제페토에는 현재 전 세계적으로 2억 명 이상의 사람들이 가입되어 있습니다. 단순히 아이들의 놀이터로만 여겼던 게임과 메타버스 내 가상경제 규모가 현실 세계 경제를 압도할 정도로 커지고 있습니다.

경제 분야뿐만 아니라 사회, 문화 분야에서도 메타버스의 영향력이 점점 커지고 있습니다. 앞으로 사회는 언택트 시대로 접어들 것입니다. 지금도 우리는 언택트 문화를 접하고 있지만, 메타버스 관련 기술 수준이 걸음마 단계이기 때문에 앞으로 관련 기술 발달을 통해 여행, 간접적인 체험, 부동산 등 여러 분야가 가상공간 안으로 들어올 것으로 예상됩니다.

2021년 12월에는 정부에서 메타버스 크리에이터라는 신新직업을 발굴해 국가자격을 도입하겠다고 할 정도로 사회적으로 메타버스에 대한 관심이 큽니다. 이러한 정부의 발표 이후 메타버스 관련 민간 자격증이 21개나 생겨났습니다. 현재 등록된 메타버스 민간 자격증을 취득하려면 이 책에서 다루고 있는 제페토나 게더타운을 활용해 콘텐츠를 제작하는 방법과 NFT, 블록체인에 관한 내용 등을 익혀야 합니다. 이처럼 앞으로 메타버스는 우리 생활과 밀접하게 연결될 것입니다.

# 왜 메타버스인가?

2020년 시작된 팬데믹으로 인해 세상이 초연결성을 기반으로 한 사회로 급격하게 바뀌고 있습니다. 그러면서 사회, 문화, 경제 분야에 큰 변화가 생기고 있습니다.

기존에는 사회성의 판단 기준이 오프라인에서 얼마나 활발하게 관계를 맺느냐였지만 지금은 오프라인과 온라인을 막론하고 얼마나 많은 사람과 소통하느냐로 그 기준이 변하고 있습니다. 일례로 현실 세계에서 인간관계를 거의 하지 않지만, 가상 세계 공간에서 꾸준히 경제활동을 하고 아바타로 활발히 소통하는 사람들도 사회성 뛰어나다고 인정받는 시대입니다.

인터넷 기술의 발달은 소셜네트워크 서비스와 게임에 수많은 사람을 모으는 데 성공하였습니다. 이렇게 모인 사람들이 지금은 모바일 인터넷 환경에서 수많은 관계를 맺고 있습니다. 앞으로는 5G 기술과 각종 VR, AR 기기 기술이 발달하면서 새로운 인간관계의 개념을 정립해야 할지도 모릅니다.

메타버스로 인해 문화생활 모습도 바뀌었습니다. 포트나이트FORTNITE라는 게임의 가상공간에서 미국 힙합 가수인 트래비스 스콧이 콘서트를 열어 세계 곳곳에서 2,800여만 명의 관중들이 실시간으로 공연을 관람한다든지 제페토에서 블랙핑크 가상 팬 사인회가 열려 4,300만여 명이 모인 것을 보면 사람들이 메타버스에 얼마나 열광하는지 알 수 있습니다.

◀ 포트나이트 속
트래비스 스콧의
콘서트[1)]

　경제 분야에서도 변화가 일어나고 있습니다. 과거에는 우리가 즐기기 위해 게임을 하였다면 이제는 'Play to Earn(P2E)'의 개념이 등장했습니다. 즉, 돈을 벌기 위해 게임을 한다는 이야기입니다. 필리핀을 중심으로 한 동남아시아에서는 엑시 인피니티(Axie

◀ 엑시 인피니티
게임 예고편[2)]

---

**1)**　출처 및 콘서트 감상하기 : 트래비스 스콧 공식 유튜브 채널(https://youtu.be/wYeFAlVC8qU)

**2)**　출처 및 예고편 감상하기 : 엑시 인피니티 공식 유튜브 채널(https://youtu.be/oMa8cc6YxSI)

Infinity)라는 게임이 한창 유행 중입니다. 이 게임은 게임을 시작할 때 엑시 3마리를 구입하여 게임을 하면 블록체인 기반의 코인으로 수익을 올릴 수 있는 게임입니다. 엑시 3마리를 구입하는 초기 비용이 우리 돈으로 100만 원가량 들기 때문에 초기 자본이 없는 플레이어를 대상으로 엑시를 대여해주는 사업까지 등장하였습니다.

우리나라의 게임회사인 위메이드에서도 게임을 하면서 돈을 벌 수 있는 블록체인 기반의 게임을 개발했습니다. '미르4'라는 게임입니다. 이 게임 이용자는 일정 레벨이 되면 일종의 자원인 '흑철'을 채광할 수 있는데 흑철을 10만 개 모으면 '드레이코'라는 코인으로 교환할 수 있고 이 코인을 '위믹스'라는 코인으로 바꾸어 현금화할 수 있습니다. 국내에서는 규제로 인해 이 게임의 서비스가 가능하지 않아 해외 시장에만 진출한 상태입니다.

이 밖에도 유명한 메타버스 게임 플랫폼 로블록스 내·외부 개발자들의 총수익도 2020년 기준 3,000억 원에 육박하고 있습니다. 이 중 상위 300명은 연간 평균 약 1억 2,000만 원가량을 벌어들였다고 합니다. 또한 어스2나 디센트럴랜드에서 가상의 땅을 구입하여 수익을 올리는 등 메타버스 가상 세계에서의 경제활동도 점점 활발해질 전망입니다.

◀ 미르4
게임 예고편[3]

3)  출처 및 예고편 감상하기 : 위메이드 공식 유튜브 채널(https://youtu.be/52D6nHG4BDo)

메타버스에 대하여 원래 있던 기술들에 메타버스라는 용어를 붙인 허구에 불과하다는 회의적인 시각도 있습니다. 그러나 페이스북이 회사 이름을 '메타'로 변경하고 기업의 성격을 메타버스 기업으로 바꾸려고 노력하고 있으며 세계 시총 10위권의 글로벌 기업 중 7개 기업이 메타버스 산업에 뛰어들었습니다. 그래서 인터넷 산업과 모바일 산업이 그랬던 것처럼 앞으로 몇 년 이내에는 메타버스 산업이 우리의 생활양식을 바꾸어 놓고 깊숙이 관여하게 될 것입니다. 이것이 우리가 메타버스를 배워야 하는 이유입니다.

# 메타버스의 유형을 알아보자

비영리 기술연구단체 ASF는 메타버스의 유형을 크게 네 가지로 분류하였습니다. 증강현실, 가상현실, 라이프로깅, 거울 세계가 그것입니다. 그럼 각 유형에 대해 자세히 알아보겠습니다.

첫 번째, 증강현실Augmented Reality, AR이란 현실 세계의 모습에 가상 사물이나 정보가 합성된 세계를 의미합니다.

증강현실은 현실 세계에 가상의 정보를 추가하여 이용자에게 새로운 경험을 제공해 줍니다. 증강현실은 실제 존재하는 사물이나 정보를 기반으로 하므로 생생한 경험을 할 수 있고 현실 세계에 도움이 되는 정보도 얻을 수 있다는 장점이 있습니다. 또한 HMD와 같은 별도의 디바이스를 착용하지 않아도 되므로 편리하다고 할 수 있습니다.

이케아에서는 증강현실 기술을 이용한 '이케아 플레이스'라는 앱을 출시하였습니다.

◀ 이케아 플레이스[4]

4)  출처 및 감상하기 : https://youtu.be/UudV1VdFtuQ

소비자들이 그 안에 실제 가구와 같은 질감과 명암, 디자인, 기능을 가진 가구를 배치해 보고 사진이나 영상으로 남길 수 있는 기능도 있습니다.

두 번째, 가상현실Virtual Reality이란 디지털 세계에서 사람이 실제와 같은 경험을 할 수 있도록 만든 세계를 의미합니다. 넓은 의미에서 시뮬레이션이나 비디오 게임 '세컨드 라이프'와 같은 시각 매체들도 가상현실에 포함됩니다. 그러나 일반적으로는 가상의 공간을 구현하는 것을 넘어 사용자의 오감에 직접적으로 작용하여 실제에 근접한 공간적, 시간적인 체험을 하는 것을 의미합니다.

2015년부터 삼성전자 기어VR, 오큘러스 리프트, HTC ViVE 등의 소비자용 VR 기기들이 출시되면서 가상현실이 사람들에게 본격적으로 현실로 다가오기 시작하였습니다. 하지만 현재 개발된 VR기기는 아직 보완되어야 할 점들이 많습니다. 일부 독립적으로 구동하는 VR기기가 나왔지만 대부분 VR기기는 구동하는데 연결할 컴퓨터가 필요합니다. 또한 VR용으로 개발된 콘텐츠들이 주로 게임 쪽에 치우쳐 있는 것과 가상 세계에 접속했을 때 현실 세계의 신체 감각적 신호들이 간섭한다는 점 등 극복해야 할 단점들이 많습니다. 그러나 아직 VR기술이 본격적으로 발달하기 시작한 지 몇 년 되지 않았기 때문에 착용에 부담이 적은 기기와 다양한 VR 콘텐츠의 개발, 뇌과학과 연계한 VR기술 연구 등을 통해 이러한 점들이 하나씩 보완된다면 머지않아 진짜 가상의 세계를 마주할지도 모릅니다.

세 번째, 라이프로깅Life Logging이란 일상생활에서 일어나는 모든 순간을 텍스트나 영상 등의 형태로 기록하여 서버로 전송해 다른 사람들과 공유하는 것을 의미합니다.

사람들이 삶을 기록하는 주제로는 건강, 취미, 여가와 같은 것들이 있습니다. 이렇게 개인 생활 전반을 기록하는 활동으로 대표적인 것은 바로 일기일 것입니다. 우리가 일기를 주로 오프라인의 펜과 노트를 이용해 써 왔다면 라이프로깅에서는 이를 디지털화하여 기록하는 방식을 이용합니다. 라이프로깅을 통해 수집된 정보는 인공지능 기술과 결

합하여 스마트폰이 개인이 좋아하는 음식을 바탕으로 맞춤형 식사 장소를 추천해준다든지 좋아하는 노래를 들려주는 등 생활을 편리하게 해줄 것입니다.

네 번째, 거울 세계Mirror Worlds란 실제 세계를 가능한 사실적으로 옮긴 것에 정보를 더한 세계를 의미합니다.

거울 세계의 예로 대표적인 것이 바로 배달앱입니다. 배달앱 상에는 현실 세계에 존재하는 식당들에 관한 정보가 그대로 옮겨져 있습니다. 거울 세계 메타버스에서는 정보의 확장성이 중요합니다. 배달앱에는 현실 세계의 정보보다 더 많은 정보가 들어있습니다. 배달앱에서 제공하는 후기, 평점들이 그것입니다. 후기나 평점들은 현실 세계에서는 존재하지 않는 정보이므로 거울 세계 안에 확장된 정보가 들어가 있다고 할 수 있습니다.

부동산과 관련해서도 거울 세계 체제가 활발히 가동되고 있습니다. 대표적으로 업랜드UPLAND는 구글 지도에 등록된 부동산 정보를 바탕으로 현실 세계의 주소와 연결된 가상 세계의 부동산을 사고파는 플랫폼입니다. 현실 세계의 부동산을 그대로 사고파는 것이 아니므로 업랜드 상에서 이루어지는 부동산 거래가 현실 세계의 소유권에는 영향을 주진 않습니다.

이렇게 메타버스의 4가지 유형에 대하여 알아봤습니다. 우리는 이 분류 유형을 메타버스의 넓은 개념을 구체화하기 위한 수단으로 활용할 수 있습니다.

# 메타버스 플랫폼의 차이점을 알아보자

메타버스 안에서 활동하려면 플랫폼이 필요합니다. 주요 메타버스 플랫폼에는 제페토, 게더타운, 이프랜드 외에 마인크래프트, 로블록스, 포트나이트, 메타 호라이즌 월드, 구글 스타라인 등이 있습니다. 이 책에서는 다양한 메타버스 플랫폼 중 국내에서 많이 사용되고, 취미가 아닌 업무나 공식 활동에서 활용할 수 있는 플랫폼인 제페토, 게더타운, 이프랜드만을 다룰 예정입니다.

| 플랫폼명<br>주요 특징 | 제페토 | 게더타운 | 이프랜드 |
|---|---|---|---|
| 제작회사 | 네이버Z | 게더(미국 스타트업) | SK텔레콤 |
| 성격 | • 엔터테인먼트와 놀이<br>• 경제 활동 | 화상회의 툴 | 모임과 회의 |
| 사용 환경 | 스마트폰/태블릿 | PC/스마트폰/태블릿 | 스마트폰/태블릿 |
| 구현 방식 | 3D | 2D | 3D |
| 방에 입장 가능한<br>최대 인원수 | 16명 | • 요금제에 따라 다양함<br>• 무료는 25명까지 가능 | 131명 |
| 자료 공유<br>가능 여부 | 불가능 | 화면, 이미지, 영상, 텍스트 등<br>다양한 매체의 공유가 가능함 | 문서(PDF), 영상(MP4) 파일의<br>실시간 공유가 가능함 |
| 자유도 높은<br>가상공간 만들기<br>가능 여부 | 가능 | 가능 | 불가능 |
| 사용자의 수익<br>창출 방식 | • 아이템 제작<br>• 제페토 내 가상 공간<br>　제작 대행 | • 게더타운 내 가상 공간<br>　제작 대행<br>• 유료 모임 교육<br>＊ 앞으로 제페토처럼 사용자<br>　의 아이템 제작이 가능해질<br>　예정임 | • 유료 모임 교육 |

대표적인 메타버스 플랫폼인 제페토, 게더타운, 이프랜드의 특징을 표로 비교해보았습니다. 독자분들은 본인의 이용 목적에 맞는 플랫폼별 특징을 파악하여 알맞은 플랫폼을 이용해보기를 바랍니다. 2장~4장에서는 이 3가지 플랫폼의 활용 방법에 대해 알아보겠습니다.

# 게더타운 활용하기

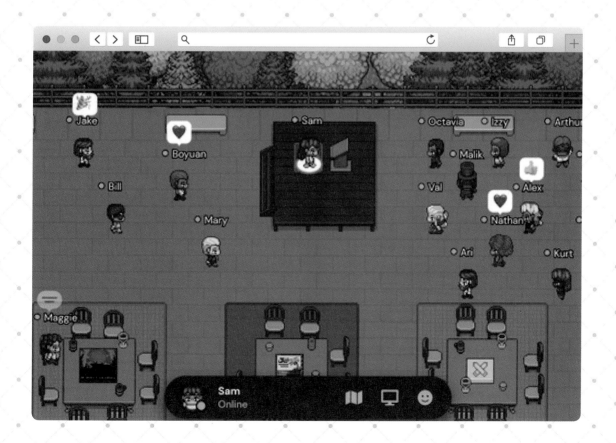

# 게더타운이란?

## 게더타운 플랫폼 소개

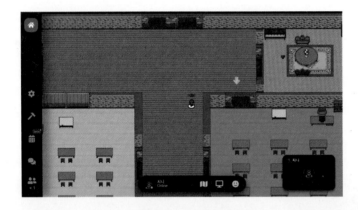

◀ 게더타운의 가상 연수장

　게더타운은 가상 강의실이나 회의실 등을 만들어 화상회의를 할 수 있는 메타버스 플랫폼입니다. 게더타운에서는 실제 본인 얼굴을 노출하지 않고 2D 아바타를 이동시켜 원하는 사람과 자유롭게 대화할 수 있습니다. 또한 특별한 코딩 기술이 없어도 누구나 쉽게 나만의 가상공간을 만들 수 있습니다.

　게더타운은 미국의 스타트업 '게더Gather'를 설립한 필립 왕과 쿠마일 재퍼, 사이러스 타브리지에 의해 개발되었습니다. 코로나 팬데믹으로 전 세계가 비대면 사회로 전환되며 기업에서는 재택근무를, 학교에서는 온라인 수업을 시작했습니다. 이때 주로 사용된 프로그램이 줌Zoom이나 팀즈Teams입니다. 갑자기 취소될 뻔한 행사나 교육을 가능하게 해줬다는 점에서 줌이나 팀즈는 사막의 오아시스 같은 존재로 떠올랐습니다. 하지만 몇 가지 문제점도 발견되었습니다. 카메라에 본인 얼굴을 보여줘야 하는 부담감을 호소하는 사람이 늘었고, 화상회의 공간에 접속해 있지만 상호작용이 제한되어 의사소통이 불편하다는 점들이 문제점으로 나타났습니다. 이런 문제점을 보완한 프로그램이 게더타운입니다.

## 게더타운의 특징

게더타운의 대표적인 특징은 화상회의에 최적화되어 있다는 점입니다. 최근 몇 년 사이에 이프랜드, 제페토 등의 플랫폼이 등장했지만 이 플랫폼은 회상회의에 목적을 두고 개발된 것이 아닙니다. 또한 모바일 환경에서 구동되도록 만들어졌습니다.

반면 게더타운은 현실에서 가상회의를 할 때 필요한 물리적인 법칙이 조금이나마 반영되어 있습니다. 화상회의 참가자가 가까이 있을 때만 카메라가 켜지고 대화가 가능해지는 것입니다. 2D 기반 그래픽이라 화려함은 덜 하지만 다른 화상회의 프로그램에 비해 사생활이 좀 더 보호된다는 장점이 있습니다.

또한 게더타운에는 다양한 애플리케이션을 삽입할 수 있습니다. 이는 기존 화상회의에서 단순히 자료를 공유하는 것과는 다른 개념입니다. 예를 들어, 화이트보드 애플리케이션을 배치하면 화상회의에 참가한 사람의 2D 아바타가 화이트보드에 그림을 그릴 수도 있고, 웹사이트나 유튜브 동영상 등을 오브젝트에 연결하여 다른 참가자에게 보여줄 수도 있습니다.

참고로 게더타운은 외국 회사에서 만든 플랫폼이므로 영문이 기본입니다. 메인화면 등 일부 내용은 한글로 이용할 수 있지만, 번역 품질이 좋지 않아 내용을 이해하기 어려운 경우가 다수 있어 본문에서는 영문 사이트 기준으로 설명하였습니다. 언어 설정은 게더타운 홈페이지 좌측 하단에서 변경할 수 있습니다.

# 게더타운 요금제

게더타운은 한 공간 안에서 25명까지는 무료로 이용할 수 있지만 그 이상의 인원이라면 유료 요금제가 적용됩니다. 요금제는 아래와 같으며 독자가 이해하기 쉽도록 한글 버전의 게더타운 홈페이지를 캡처하였습니다.

요금제는 2시간 2달러, 1일 3달러, 1개월 7달러의 3가지 요금제로 구분됩니다. 이때 1인당 요금이 부과되므로 만약 시간제를 사용해 30명이 2시간 동안 가상회의를 진행했다면 5명의 추가분인 10달러를 내야 합니다. 다만 교육이나 비영리 목적으로 사용한다면 30%를 할인받을 수 있습니다. 게더타운 홈페이지에서 요금 할인을 신청하는 방법을 알아보겠습니다.

① 게더타운 홈페이지에서 [Resources] 메뉴의 하위 메뉴인 [Contact us] 버튼을 누릅니다.

② Get in touch 메뉴가 나타나면 왼쪽의 [Con-
tact our sales team] 버튼을 누릅니다. 항목
별로 내용을 적은 뒤 [Summit] 버튼을 누르
면 신청이 완료되며 게더타운 운영진이 신청
내용을 검토하게 됩니다.

> **Tip** 영어로 신청 내용을 작성해야 하며, 구글 번역기 등을 활용하면 편리합니다.

## 게더타운 활용 사례

- **기업 : KB국민은행의 KB금융타운**

  KB국민은행은 금융·비즈센터, 재택센터, 놀이공간으로 구성된 'KB금융타운'을 게더
  타운에 구현하였습니다. 이곳에서 경영진 회의와 외부업체와의 기술미팅 등을 열기

▲ 게더타운에 오픈한 KB금융타운[5]

---

**5)** 출처 : 비즈팩트(http://news.tf.co.kr/read/economy/1880847.htm)

도 했습니다. KB국민은행은 앞으로도 KB금융타운에서 경영진 회의나 타운홀 미팅 등을 가질 계획입니다.

• **개인 : 게더타운에서 결혼식**

작가 '글쓰는 개미핥기'는 게더타운에 가상 결혼식장을 만들고 결혼식을 올렸습니다. 코로나19로 인해 하객들을 초대할 수 없게 되자, 브런치에 게더타운으로 초청하는 글을 올리고, 4대의 카메라로 결혼식 장면을 중계했습니다. 다양한 오브젝트를 활용해 웨딩카와 방명록, 신부 대기실, 포토존, 방향 안내 표시, 축의금 받는 곳까지 구현했습니다.

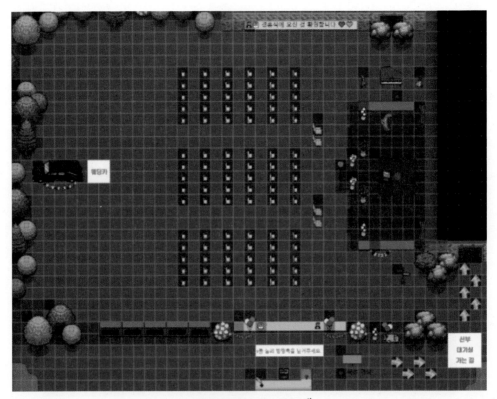

▲ 게더타운에서 열린 결혼식[6]

---

6)  출처 : 글쓰는 개미핥기 브런치(https://brunch.co.kr/@1dayliterature/185)

**• 교육기관 : 남양주 교육지원청의 '어쩌다 게더타운'**

구리 남양주 교육지원청은 다른 기관과 공동으로 청소년 온라인 축제인 '어쩌다 게더타운'을 주관하여 운영하였습니다. 10개 청소년 동아리 활동 영상 부스, 방탈출 게임, OX 퀴즈, 미로 찾기 등 다양한 이벤트에 300여 명의 청소년이 참여해 소통하였습니다.

▲ 게더타운을 활용한 청소년 축제[7]

---

**7)** 출처 및 행사 감상하기 : https://youtu.be/qfbVqtkA7P4

## 게더타운 크리에이터

　게더타운 플랫폼에 행사를 준비하는 기업, 공공기관, 단체가 많아지고 있습니다. 누구나 손쉽게 게더타운 맵을 스스로 디자인할 수 있지만, 이는 시간이 많이 걸리고 의도와는 다르게 미흡한 결과물이 나올 수도 있습니다. 그래서 등장한 직종이 게더타운 크리에이터입니다. 게더타운 크리에이터는 가상 공간에서 행사나 축제, 오피스, 전시회, 박람회 등을 기획하는 사람들에게 맵을 제작해주는 일을 합니다.

　게더타운은 기본적으로 2D 그래픽 기반이지만 여기에 3D 가상공간을 만들어주기도 합니다. 예를 들어, 아래 그림처럼 3D 이벤트 맵을 제작하기도 합니다. 맵 제작뿐만 아니라 행사를 기획하고 진행하는 일을 대행해주기도 합니다. 이를 맵 커스터마이징<sub>주문 생산</sub>이라고 합니다. 게더타운 크리에이터는 메타버스 플랫폼에 대한 전문 지식과 많은 행사 경험을 바탕으로 게더타운의 오류까지 해결해 주고 있어서 앞으로 성장이 기대되는 직종입니다.

▲ 게더타운 크리에이터가 디자인한 2021 초등수업나눔축제 행사장 전경[8]

8)　출처 및 체험하기 : https://bit.ly/3q5a9yl

# 게더타운 사용해 보기

## 사이트 접속 후 회원 가입하기

### 01 사이트 접속하기

게더타운은 구글 크롬 브라우저에 최적화되어 있으므로 크롬 사용을 추천합니다. 먼저 크롬을 실행하고 주소창에 gather.town을 입력하여 접속합니다. 화면 오른쪽 상단의 **[Try Gather]** 버튼을 누르면 회원가입 없이도 제한된 기능을 이용할 수 있지만, 이 책의 내용을 실습해보려면 회원가입이 필요합니다. 회원가입 후 이용하려면 **[Log in]** 버튼을 누릅니다.

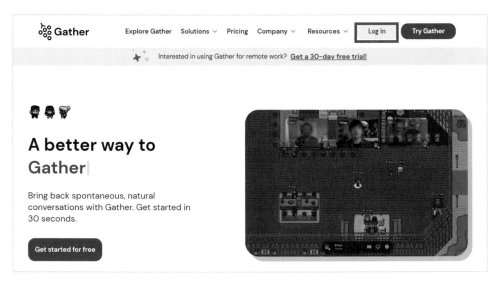

 **Tip** 게더타운 화면에서 마우스 오른쪽 버튼을 누른 후 **[한국어(으)로 번역]**을 선택하면 한글로 번역된 화면이 나타납니다.

## 02 회원 가입하기

게더타운에 가입하려면 구글 회원으로 가입하거나, 이미 사용 중인 이메일 주소로 가입하는 방법이 있습니다. 구글 아이디를 입력하면 바로 이용할 수 있고, 이메일을 선택하면 입력한 이메일 주소로 코드번호가 도착합니다. 해당 코드번호를 입력하면 회원 가입이 완료됩니다. 이메일로 로그인할 경우, 로그인할 때마다 패스워드 기능을 하는 코드번호를 입력해야 하므로 번거롭습니다. 되도록 구글 회원으로 가입을 추천합니다.

Tip 시간이 지나도 코드가 적힌 이메일을 받지 못했다면 스팸메일함을 확인해보세요.

# 캐릭터 만들기

## 01 캐릭터 꾸미기

① 회원가입 후에 나오는 캐릭터 설정 창에서 캐릭터를 꾸밀 수 있습니다. 대화창의 **[Base]**, **[Clothing]**, **[Accessories]** 카테고리별로 캐릭터를 꾸밉니다. **[Base]** 메뉴에서 피부, 머리카락, 수염을 선택할 수 있습니다.

> 💡**Tip** **[Special]**은 이미 만들어 놓은 캐릭터를 불러와 사용할 수 있는 메뉴입니다. **[Special]** 메뉴에 있는 **[Seasonal]**을 누르면 이전 캐릭터로 다시 돌아가 설정할 수 있습니다.

② **[Clothing]** 메뉴에서는 캐릭터 의상과 신발을 선택하거나 변경할 수 있습니다.

③ **[Accessories]** 메뉴에서는 모자와 안경을 씌우거나 변경할 수 있습니다. 캐릭터 꾸미기가 완성되면 **[Next Step]** 버튼을 누릅니다.

④ 캐릭터 이름을 입력하고 **[Finish]** 버튼을 누릅니다.

⑤ 캐릭터 설정을 마치면 화면 오른쪽 상단의 캐릭터와 이름이 설정한 대로 변경됩니다.

## 02 캐릭터 수정하기

캐릭터는 홈 화면에서 수정할 수도 있고 스페이스에서 수정할 수도 있습니다.

**• 홈 화면에서 수정하는 방법**

이름을 선택한 뒤 [Edit Character] 버튼을 누릅니다.

**• 스페이스 안에서 수정하는 방법**

룸 하단의 컨트롤 메뉴에서 아바타를 클릭하고 이름 옆의 [Edit] 버튼을 누르면 캐릭터를 수정하고 이름을 바꿀 수도 있습니다.

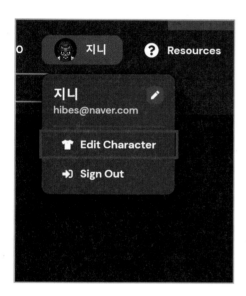

# 스페이스 만들고 튜토리얼 따라 하기

## 01 스페이스 만들기

스페이스Space는 게더타운 안의 가상공간을 의미합니다. 공간 설계 목적에 따라 오피스나 강의실, 도시나 행사장이 될 수도 있습니다. 지금부터 스페이스 만드는 방법을 알아보겠습니다.

① 홈 화면 오른쪽 상단의 **[Create Space]**를 선택하고 만들기를 원하는 유형을 선택합니다.

② 'Set up a workspace', 'Organize an event', 'Explore social experiences' 중 원하는 유형을 선택하고 **[Select Space]**를 누르면 기본 템플릿을 미리 볼 수 있습니다.

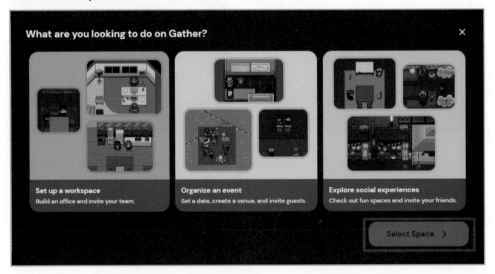

💡Tip 기업에서 가상 오피스로 사용하려면 'Set up a workspace'를, 파티, 모임, 워크숍을 연다면 'Organize an event'를, 미술관, 교실 공간 등으로 사용하려면 'Explore social experiences'를 선택합니다.

③ **[Start from blank]** 버튼을 누르면 빈 스페이스에 나만의 스페이스를 새로 만들 수 있습니다. '2-25 people'은 스페이스 안에 들어갈 수 있는 인원수를 의미합니다.

④ **[Filter]**를 이용하여 템플릿 옵션의 범위를 줄일 수 있습니다. 이것을 클릭해서 참가 인원수와 Indoor, Outdoor, Indoor&Outdoor 등의 유형을 선택한 후 **[Apply filter]** 버튼을 누릅니다. 필터링 옵션에 따라 조건을 만족하지 않는 경우에는 항목이 검색되지 않습니다.

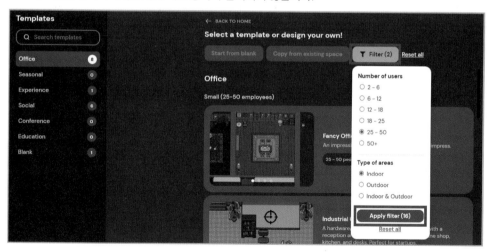

💡 **Tip** Indoor를 선택하면 실내 공간만으로 설계된 스페이스가, Outdoor를 선택하면 야외 공간만으로 설계된 스페이스가 필터링됩니다. Indoor&Outdoor는 실내와 실외 공간 두 가지가 혼재된 스페이스가 필터링됩니다.

⑤ 템플릿 선택이 완료되면 스페이스 이름을 입력합니다. 영문 이름만 가능하며, 스페이스를 모두에게 공개할지, 비공개 방으로 비밀번호를 설정할지 결정합니다.

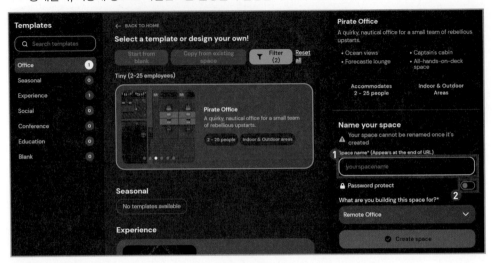

⑥ 7개의 항목 중 스페이스 용도를 선택하고 **[Create Space]** 버튼을 누릅니다.

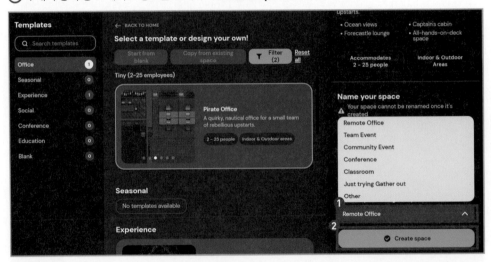

⑦ 스페이스 입장 화면에서 카메라와 마이크를 연결할지 묻는 팝업창이 나타나면 '예'를 선택합니다. 캐릭터의 아래의 [Edit Character] 버튼을 눌러 캐릭터를 더 꾸밀 수 있습니다. 카메라와 마이크 연결 상태를 확인한 뒤 [Join the Gathering] 버튼을 누릅니다.

⑧ 마이크와 카메라 아이콘을 클릭하여 켜거나 끄기도 가능합니다.

💡Tip 카메라와 마이크가 켜지지 않으면 크롬 브라우저에서 주소창 오른쪽 끝의 카메라 모양 아이콘을 누릅니다. [카메라와 마이크에 액세스하도록 계속 허용]을 선택하고 완료 버튼을 누릅니다. '카메라 및 마이크 켜기/끄기'도 '액세스 허용'이 되어 있어야 가능합니다.

## 02 스페이스 튜토리얼 따라 하기

스페이스에 들어가면 가장 먼저 스페이스 튜토리얼Space Tutorial 화면이 나옵니다. 게더타운을 처음 사용하는 사람이라면 이 튜토리얼을 따라 하면서 기본 기능을 익힐 수 있습니다.

① Moving around : 캐릭터 움직이는 방법을 알려줍니다. 방향키와 W A S D 키의 조작 방법을 알려줍니다.

② Muting and unmuting : 화면 오른쪽 하단의 카메라 창에서 마이크 사용방법을 알려줍니다.

③ Interacting with objects : 오브젝트 근처에 갔을 때 X 키를 누르면 상호작용이 가능하다는 것을 알려줍니다.

튜토리얼 이용은 선택사항이며 이 과정이 필요 없거나 더 이상 사용하고 싶지 않으면 화면 왼쪽의 **[Skip Tutorial]** 버튼을 누릅니다.

# 기본 기능 알아보기

## 01 게더타운 즐기기

### • 이동하기

① 캐릭터는 키보드의 방향키나 Ⓐ, Ⓢ, Ⓓ, Ⓦ 키를 사용해 움직일 수 있습니다. Ⓐ는 왼쪽으로 이동, Ⓓ 는 오른쪽으로 이동, Ⓦ는 위로 이동, Ⓢ는 아래로 이동할 때 사용합니다.

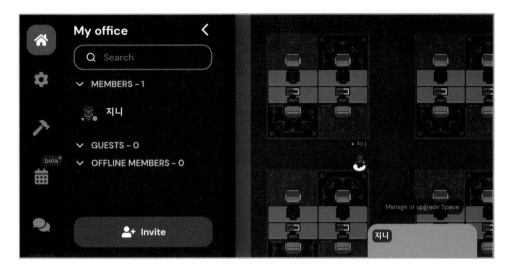

☀️Tip **1** 화면의 특정 위치로 캐릭터를 보내려면 해당 위치를 더블클릭하거나 해당 위치에서 마우스 오른쪽 버튼을 눌러 'Move here'를 선택합니다.

☀️Tip **2** 특정 캐릭터와 대화하고 싶을 때는 해당 캐릭터에 커서를 놓고 마우스 오른쪽 버튼을 눌러 'Start bubble'을 선택합니다.

## • 이모티콘 이용하기

① 화면 하단의 웃는 얼굴 아이콘을 누르면 이모티콘 사용이 가능합니다. 6가지 이모티콘 중 원하는 모양을 선택하면 약 3초 정도 나타났다가 사라집니다. 이모티콘 아래의 숫자는 단축키를 의미합니다. 이모티콘을 해제하려면 X(Clear)를 클릭합니다.

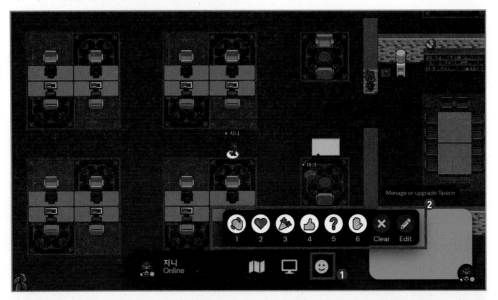

> **Tip** 이모티콘은 약 3초 후에 사라지지만, 6번 손바닥 모양은 직접 X(Clear) 버튼을 눌러 해제해야만 사라집니다. 손바닥 이모티콘을 사용한 참가자는 화면 왼쪽 목록의 가장 위쪽에 표시되어 회의나 강의할 때 유용하게 쓸 수 있습니다.

## 02 게더타운에서 소통하기

### • 상대방 초대하기

① 스페이스를 만들면 상대방을 초대할 것인지 묻는 창이 나옵니다. 스페이스의 링크를 복사하여 주소를 공유하거나 상대방 이메일 주소를 입력하고 **[Send Invite]** 버튼을 누르면 상대방을 초대할 수 있습니다.

② 화면 왼쪽 하단의 **[Invite]** 버튼을 눌러 멤버를 초대할 수도 있습니다.

### • 상태 메시지 설정하기

① 화면 하단의 캐릭터 이름을 누르면 메시지 입력 칸이 나옵니다. 메시지를 입력해 나의 상태를 알릴 수 있습니다. 웃는 모양 아이콘을 눌러 이모티콘을 넣을 수도 있습니다.

## • 상대방 찾기

① 스페이스가 넓고 참가자 수가 많아서 상대방을 찾기 어려울 땐 참가자 명단에서 찾으려는 상대방을 선택한 뒤 **[Follow]**를 누릅니다.

## • 메시지 보내기

① 화면 왼쪽 하단의 말풍선을 누르면 상대방에게 말을 걸 수 있습니다. 'Nearby'는 주변에 있는 사람들에게, 'Everyone'은 모든 사람에게 메시지를 보낼 때 이용합니다. 특정 인물에게만 메시지를 보내려면 참여자 이름을 선택합니다.

Tip 캐릭터가 동일한 스페이스에 있으면 방(Room)이 달라도 메시지를 주고받을 수 있습니다.

• 대화하기

① 상대방과 가까이 있을 때만 대화가 가능합니다. 대화가 가능한지는 캐릭터 색의 진하기로 확인할 수 있습니다. 캐릭터의 색깔이 연하면 대화가 불가능한 거리입니다.

② 두 캐릭터의 색이 진해지고 상대방의 화면이 나타나면 대화가 가능합니다. 또한 왼쪽 [MEMBERS] 메뉴 캐릭터 옆에 말풍선이 생깁니다. 대화를 마친 후 거리가 멀어지면 대화가 자동으로 끊깁니다.

🔆 Tip  다른 캐릭터와 사방 5칸 이내에 있으면 화면 상단에 상대방 카메라가 켜집니다. 4~5칸이면 반투명으로 나타나고, 3칸 이내면 카메라가 선명해집니다.

## • 캐릭터 춤추게 하기

① Z 키를 누르면 캐릭터가 춤을 춥니다. 방향키를 누르면 춤추는 동작을 멈출 수 있습니다.

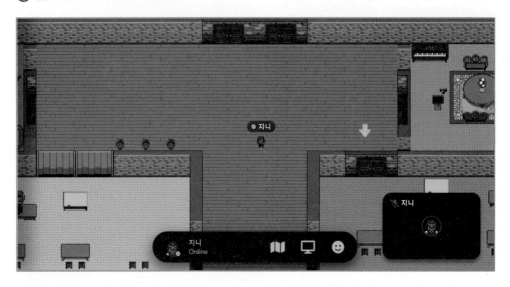

## • 미니맵 기능

① 전체 스페이스를 한눈에 보려면 화면 하단의 **[minimap]** 버튼을 누릅니다.

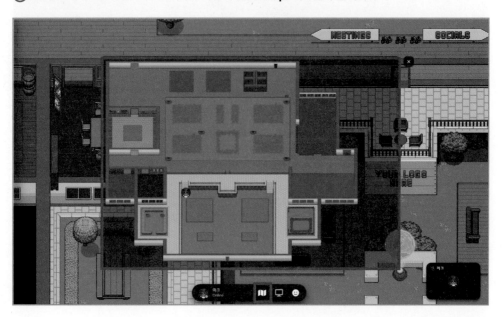

- **스포트라이트 기능**

사람들이 흩어져 있거나 참여자들이 많을 때 유용하게 쓰이는 기능입니다. 이 기능을
사용하면 멀리 있는 사람과도 대화할 수 있고, 기능을 사용하는 동안 다른 사람들은 말
을 하지 못합니다. 그러나 가까이 있는 사람들의 말소리는 들릴 수 있으므로 참가자들
과 잠시 거리를 두면 좋습니다.

① 참가자 목록에서 스포트라이트 기능
을 설정할 참가자를 선택한 뒤 대화창
의 **[Spotlight]**를 누릅니다.

② 기능을 해제하려면 캐릭터를 선택한
후 **[Unspolight]**를 누릅니다.

  스포트라이트 기능이 생긴 사람의 화면 창에 주홍색 확성기가 생깁니다.

## • 고스트 모드 사용하기

다른 참가자가 앞에 있으면 캐릭터가 지나갈 수 없거나 돌아가야 합니다. 이때 고스트 모드를 이용하면 다른 참가자가 앞에 있어도 지나갈 수 있습니다. 참가자들이 많아 이동이 어려울 때 활용하면 유용한 기능입니다.

① G를 누른 상태에서 방향키를 누르면 캐릭터가 투명해지면서 다른 참가자를 지나갈 수 있습니다.

## • 해당 위치로 바로 가기

① 원하는 위치에 마우스 커서를 놓고 더블클릭하면 흰색 점이 생기면서 캐릭터가 단숨에 이동합니다. 방향키를 눌러 이동하는 방법보다 훨씬 빠르게 캐릭터를 이동시킬 수 있습니다.

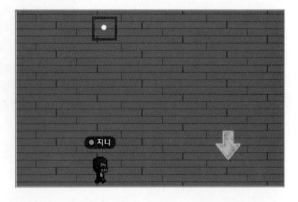

> 🔅Tip  화면에 보이는 곳에서만 이 기능이 작동합니다.

## • 화면 공유

① 화면 하단 모니터 모양 아이콘을 누르면 다른 참가자와 화면을 공유할 수 있습니다. 공유할 화면을 선택하고 **[공유]** 버튼을 누릅니다.

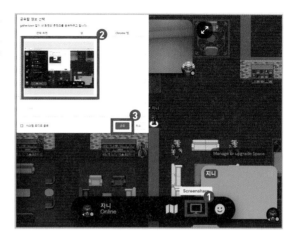

## • 화이트보드 활용하기

① 화이트보드를 이용해 회의를 진행할 수 있습니다. 화이트보드 앞에 다가가면 노란색 테두리가 생기면서 "Press X to use shared whiteboard"라는 문구가 나옵니다. ⓧ 키를 누르면 화이트보드 메뉴에 들어갈 수 있습니다.

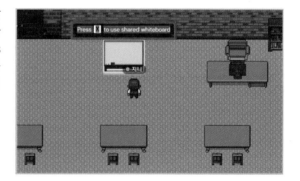

② 화이트보드의 'Note', 'Both', 'Canvas' 중 원하는 유형을 선택해서 사용합니다. 화이트보드에서 나오려면 ⓧ 버튼을 누릅니다.

**Tip**
**1**
Note는 왼쪽의 글 쓰는 부분이 전체 화면으로 나오고, Canvas는 오른쪽의 도형을 그릴 수 있는 부분이 전체 화면으로 나옵니다. Both를 선택하면 두 가지가 양옆으로 나옵니다.

**Tip**
**2**
화이트보드에 저장한 내용은 삭제할 때까지 남아 있으므로 공지사항이나 여러 명이 공유해야 할 아이디어가 있을 때 활용하면 좋습니다.

③ 화이트 보드에서 노트에 표기를 한 참가자와 바로 만나고 싶을 때는 **[Follow]**를 클릭합니다.

④ 상대방을 더 이상 만날 필요가 없을 때는 **[Stop following]**을 클릭합니다.

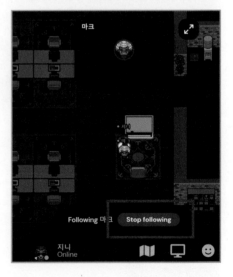

## · 게임하기

① 게더타운 스페이스에서 다양한 게임도 가능합니다. 그중 테트리스 게임을 해보겠습니다. 테트리스 오브젝트가 배치된 곳에 가까이 다가가 ⓧ 키를 누르면 테트리스 게임을 할 수 있는 방에 입장합니다.

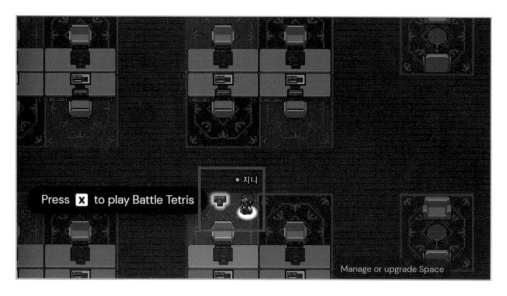

② 플레이를 누르면 게임을 시작할 수 있습니다. ↑ 키를 눌러 테트리스 블록의 모양을 바꿉니다. ←, →로 블록 위치를 이동할 수 있습니다. 블록을 빠르게 내리려면 Space Bar 를 누릅니다.

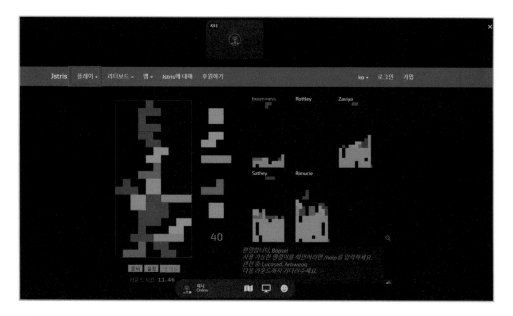

# 스페이스 만들기 with 맵 메이커

## 맵 메이커 접속 후 시작하기

### 01 맵 메이커 접속하기

맵 메이커Mapmaker는 벽과 바닥을 만들고 오브젝트를 배치하는 등 나만의 목적에 맞는 스페이스를 만들 수 있는 메뉴입니다. 여기에서 스페이스는 단순히 공간만을 의미하는 건 아닙니다. 다른 참가자들과 공유할 수 있는 화이트보드를 놓거나 다른 룸으로 이동할 수 있게 하거나 게임 오브젝트를 설치하는 등 게더타운을 더 유용하게 활용할 수 있는 환경을 만드는 곳입니다. 지금부터 맵 메이커에 접속하는 방법부터 차근차근 알아보겠습니다.

### ① Create Space 메뉴에서 맵 메이커 실행하기

① 게더타운에 접속하여 오른쪽 상단의 [Create Space]를 클릭합니다.

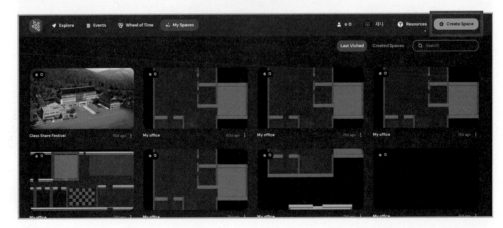

② 왼쪽 하단의 **[Start from scratch]**를 클릭합니다.

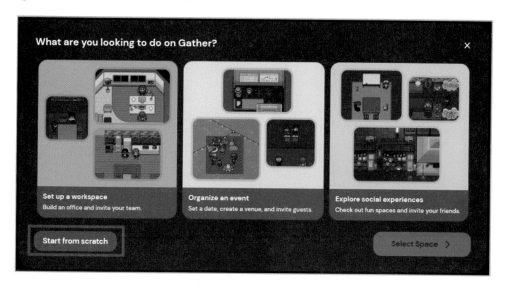

③ 상단의 **[Start from Blank]**를 클릭합니다.

④ 상단의 **[Blank**(Start from Scratch)**]**를 클릭합니다.

⑤ 화면 오른쪽 하단에 만들고자 하는 스페이스의 이름을 입력합니다.

⑥ **[Choose an answer]**를 클릭하고 만들고자 하는 공간의 유형을 선택합니다.

⑦ 하단의 **[Open Mapmaker]** 버튼이 활성화
되면 맵 메이커를 실행할 수 있습니다.

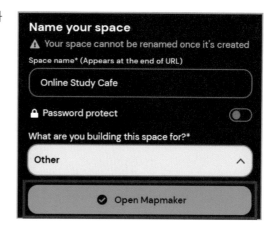

## ② 홈 화면에서 접속하기

① 게더타운에 접속합니다. 홈 화면에서
편집하고 싶은 스페이스의 ⋮ 를 누르
고 **[Edit Map]**을 선택합니다.

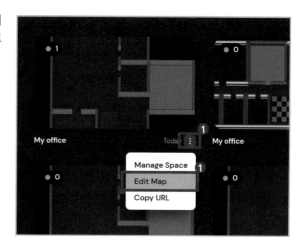

> 🔅Tip  홈 화면에서 맵 메이커를 실행하면 새 탭에서 열리지 않고 그 탭에서 실행됩니다.

### ③ 빌드 메뉴에서 접속하기

① 스페이스에서 왼쪽 하단의 망치 모양 아이콘을 누릅니다. **[Build]** 메뉴가 나타나면 **[Edit in Mapmaker]**를 선택합니다.

# 맵 메이커 구성 알아보기

## 01 도구

화면 왼쪽에 세로방향으로 8가지 아이콘이 배열되어 있습니다. 도구의 기능은 다음과 같습니다.

| 아이콘 모양 | 이름 | 기능 | 단축 키 |
|---|---|---|---|
| | Select | 타일이나 오브젝트를 선택할 때 사용합니다. | V |
| | Stamp | 타일이나 오브젝트를 삽입할 때 사용합니다. | B |
| | Eraser | 타일이나 오브젝트를 삭제할 때 사용합니다. | E |
| | Hand | 화면 자체를 움직일 때 사용합니다. | H |
| | Zoom in | 화면을 확대할 때 사용합니다. | Ctrl + 마우스 휠을 위로 |
| | Zoom out | 화면을 축소할 때 사용합니다. | Ctrl + 마우스 휠을 아래로 |
| | Undo | 작업한 내용을 최근 것부터 하나씩 취소할 때 사용합니다. | Ctrl + Z |
| | Redo | 취소한 작업들을 최근 것부터 하나씩 복구할 때 사용합니다. | Ctrl + Shift + Z |

## 02 옵션

맵 메이커 화면 상단 바에 옵션(☰), Objects, Tile Effects, Walls&Floors, Save 메뉴가 있습니다. 여기서는 옵션에 대해 알아보겠습니다.

> ☀️ **Tip** 맵 메이커 화면 오른쪽 하단의 **[Create a new room]** 버튼이 보이지 않으면 F11을 눌러 전체 보기 화면으로 바꿉니다.

### • Go to Space

① **[Go to Space]**를 선택하면 지금 작업 중인 스페이스에 참가자로 들어갈 수 있는 새 탭이 열립니다.

## • Manage Space

① **[Manage Space]**를 선택하면 지금 작업 중인 스페이스 대시보드가 새 탭에 열립니다.

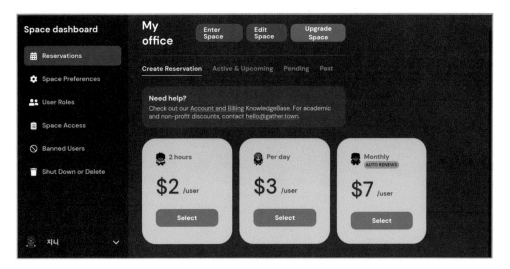

## • Guides and Tutorials

① **[Guides and Tutorials]**를 선택하면 스페이스 만드는 방법이 적힌 설명서가 새 탭에 열립니다.

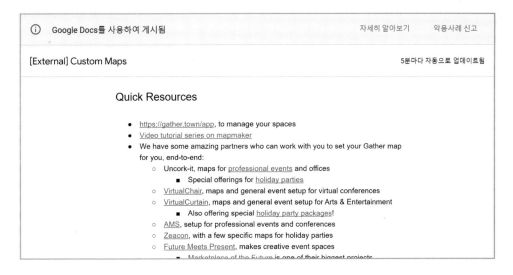

· Background&Foreground

① **[Background&Foreground]**를 선택하면 배경이나 전경 이미지를 업로드하거나 다운로드할 수 있습니다.

· Extension Setting

① **[Extension Setting]**을 선택하면 참가자들이 게더타운 가상 세계에 좀 더 몰입할 수 있는 환경을 구현할 수 있습니다.

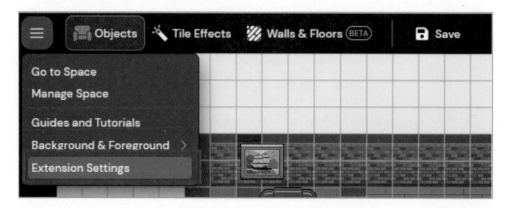

② Doors 설정 메뉴를 예로 들면, 누구나 자유롭게 열고 닫을 수 있는 문을 맵에 구현할 것인지를 설정할 수 있습니다. **[Activate Extension]** 버튼을 눌러보겠습니다.

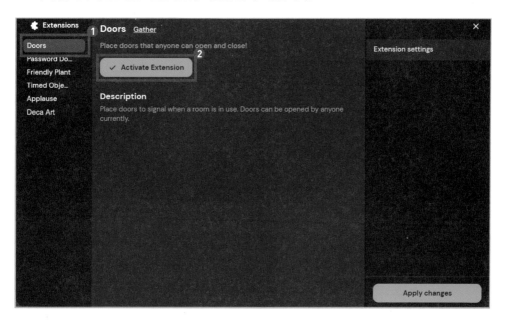

③ 왼쪽의 'Doors' 옆에 √표시가 생기며 이 기능을 활성화할 수 있습니다. 기능 활성화를 한 후, 오른쪽 하단의 Apply changes를 누르면 설정 내용이 저장됩니다.

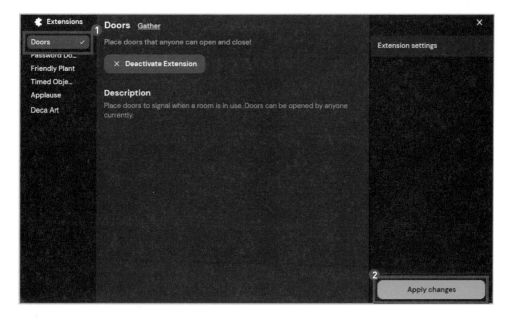

④ **[Password Doors]**는 Door 오브젝트에 비밀번호를 누르고 출입할 수 있도록 설정할 수 있습니다. **[Friendly Plant]**를 활성화하면 식물 오브젝트에 물을 주는 상호작용이 가능해집니다. 식물에 물을 주면 식물이 자라게 됩니다. **[Timed Object]**는 시간에 따라 이미지가 변하도록 설정하는 메뉴입니다. **[Applause]**에서는 이벤트나 쇼를 주관할 때 참여한 관중들의 리액션을 듣는 것을 설정할 수 있습니다. 모든 기능을 활성화한 후 **[Apply changes]**를 누르겠습니다.

참고로 **[Deca Art]**는 NFT 기반의 예술작품을 오브젝트처럼 배치하는 기능입니다.

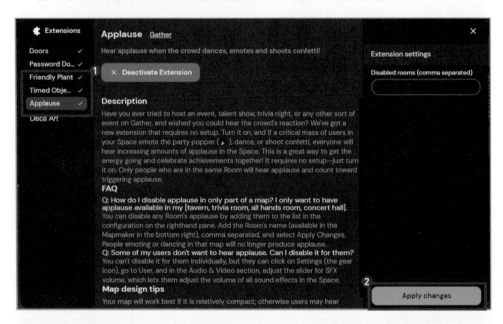

⑤ 화면 상단의 **[SAVE]**를 눌러 작업 결과를 저장합니다.

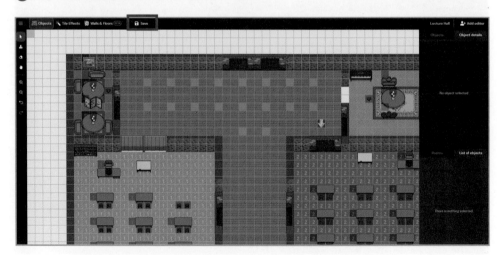

⑥ **[Extention Settings]**에서 설정한 오브젝트를 배치해보겠습니다. 화면 오른쪽의 **[More Objects]**를 누르면 대화상자 왼쪽에 배치할 수 있는 오브젝트의 카테고리들이 나옵니다. 스크롤을 내리면 조금 전에 설정한 Doors를 비롯한 항목의 카테고리들이 나옵니다. 만약 앞의 설정에서 해당 기능을 활성화하지 않으면 카테고리 목록에 해당 내용이 표시되지 않습니다.

⑦ 물을 주면 식물이 자라는 Friendly plant 오브젝트를 선택하여 배치해보겠습니다. Friendly plant 카테고리를 눌러서 나오는 오브젝트를 클릭하여 선택한 후, 오른쪽 하단의 **[Select]**를 누릅니다.

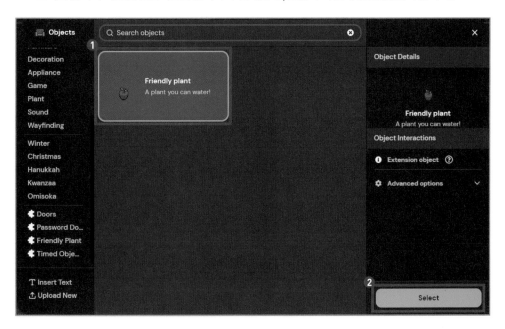

⑧ Friendly plant 오브젝트를 제1강의실 앞에 3개 배치하였습니다. 오브젝트를 배치한 다음에는 반드시 **[SAVE]**를 눌러 작업 내용을 저장해야 맵에 반영이 됩니다.

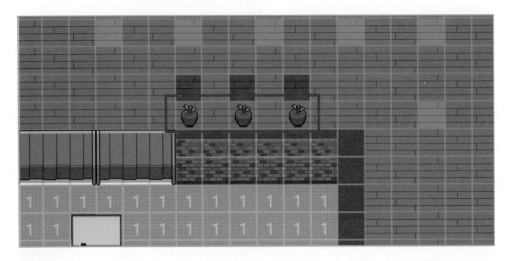

⑨ 이제 스페이스로 이동하여 테스트해보겠습니다. 먼저 가장 왼쪽에 있는 오브젝트에 가까이 가보겠습니다. 오브젝트에 다가가면 상호작용이 가능한 안내문구가 나옵니다. ⓧ 키를 누르면 물을 줄 수 있습니다.

⑩ 물을 주면 식물이 초록색으로 변한 것을 볼 수 있습니다. 시간이 지나면 식물이 자란 것을 확인할 수도 있습니다. 다른 Extention settings와 관련된 오브젝트들도 테스트해보기 바랍니다.

## 03 오른쪽 메뉴

• Rooms

① **[Rooms]**를 선택하면 스페이스 안의 방 목록을 볼 수 있습니다. 방을 선택한 뒤 이동하여 꾸밀 수도 있습니다.

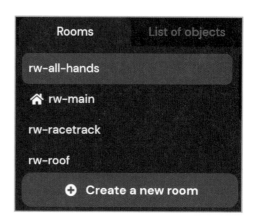

## • List of objects

① **[List of object]**를 선택하면 스페이스에 사용된 타일 종류와 오브젝트의 이름을 볼 수 있습니다. 목록에 마우스를 대면 ⋮ 모양이 나타납니다. 이 메뉴를 활용하여 오브젝트를 바꿀 수 있습니다.

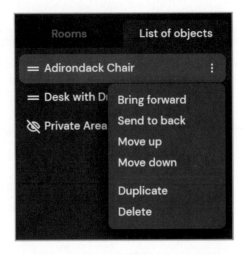

## • Create a new room

① 화면 오른쪽 하단의 **[Create a new room]**을 선택하면 새로운 방을 추가할 수 있습니다. 아무 것도 없는 스페이스에 만들 수도 있고, 기존의 템플릿을 이용할 수도 있으며 이미 있는 스페이스를 활용해 방을 만들 수도 있습니다. 방 이름을 입력하고 Enter↲ 키를 누릅니다.

② 새로운 방을 만드는 방법을 선택합니다. **[Create a blank room]**을 선택하면 아무것도 없는 빈 맵 위에 방을 만들 수 있습니다. **[Choose from template]**를 누르면 게더타운에서 제공해주는 템플릿을 그대로 사용하거나 약간의 수정을 통해 새로운 방을 만들 수 있습니다. **[Choose from an existing space]**를 누르면 내가 만들어 놓은 템플릿을 불러올 수 있습니다.

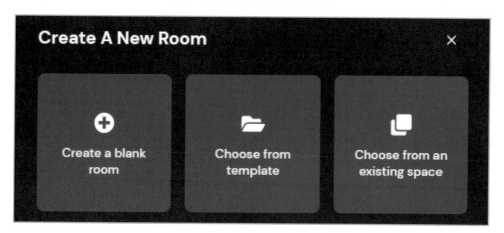

③ 새로 만든 방에서 기존의 스페이스로 왕래하려면 포털을 설치해 주어야 합니다. **[Tile Effects]** 메뉴를 선택하고 화면 오른쪽에서 **[Portal]**을 누릅니다. 원하는 위치에 타일을 배치하면 방으로 이동할지, 스페이스로 이동할지 포털 타입을 선택하는 대화창이 나옵니다. 우리는 원래 있었던 방으로 이동할 것이므로 왼쪽의 **[Portal to a room]**을 선택합니다.

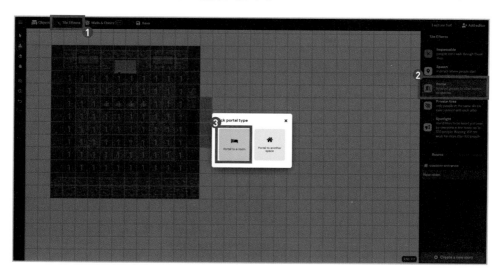

④ 이동할 방인 **[custom-entrance]**를 선택합니다.

⑤ 적절한 위치에 타일을 배치하고 **[Save]** 버튼을 눌러 작업 결과를 저장합니다.

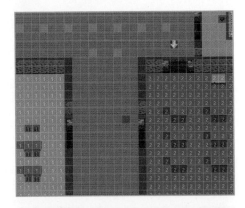

⑥ 스페이스로 이동하여 해당 포털 타일이 배치된 곳을 지나가면 새로운 방으로 이동할 수 있습니다. 새로운 방에 설치된 포털 타일을 지나가면 다시 custom-entrance로 돌아올 수 있습니다.

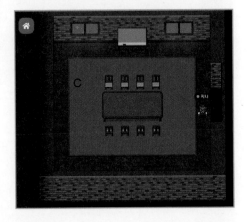

💡Tip 설치된 포털 타일은 스페이스 안에 표시되지 않습니다.

CHAPTER 02. **게더타운 활용하기**

# 스페이스 만들기

## 01 Objects, Tile Effects, Walls & Floors 사용해 보기

이번 절에서는 Objects, Tile Effects, Walls & Floors를 사용해 스페이스를 만드는 방법을 알아보겠습니다.

화면 상단의 바에는 Objects, Tile Effects, Walls & Floors 순서로 나열되어 있으나 실제 스페이스를 만들 때는 건축 부지를 정해 바닥을 다지고 벽을 세운 뒤, 공간을 용도별로 구분하고 물건을 배치하는 순서로 진행해야 합니다. 따라서 실제 스페이스를 만드는 순서에 맞춰 배경을 디자인하는 순서로 알아보겠습니다.

배경을 설정하는 방법은 3가지가 있습니다. 첫째, 스페이스를 만들 때 기존 템플릿을 선택하여 그 안의 배경을 그대로 이용하는 방법, 둘째 옵션 항목의 **[Background & Foreground]** 메뉴를 선택하여 가지고 있는 배경 이미지를 업로드 또는 다운로드하여 사용하는 방법, 셋째 Walls & Floors 기능으로 디자인하는 방법입니다. 여기에서는 Walls & Floors를 활용해 배경을 만들어보겠습니다.

 **Tip** 배경 이미지를 다운로드받아 이용할 때, 저작권이 있거나 유료인 이미지를 무단으로 캡처하여 이용하면 처벌받을 수 있습니다. 반드시 이미지 라이선스를 확보한 후 이용해야 합니다. 참고로 배경 이미지를 얻을 수 있는 사이트를 소개합니다.

- Freepik(https://www.freepik.com)(무료)
- Shutterstock(http://www.shutterstock.com)(유료)

## ① Walls & Floors 기능으로 배경 디자인하기

### • 벽 만들기

① 'Walls & Floors'를 선택하면 화면 상단에 'Walls'와 'Floors' 버튼이 활성화됩니다. **[Walls]**을 누른 뒤 화면 오른쪽의 'Walls' 항목에서 벽의 종류를 선택할 수 있습니다. 벽 디자인을 고르고 스페이스 화면에서 마우스를 드래그하거나 더블클릭하면 벽이 설치됩니다.
설치한 벽을 지우고 싶으면 왼쪽 메뉴의 지우개 아이콘을 누르고 지우고 싶은 부분을 클릭합니다.

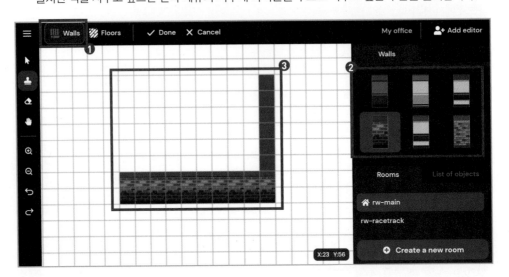

 **Tip 1** 작업을 마치면 반드시 **[Done]** 버튼을 눌러 작업을 마무리해 주어야 합니다.

 **Tip 2** 벽을 만들어도 캐릭터가 통과할 수 있습니다. 타일 효과에서 Impassable 효과를 적용해야만 캐릭터가 벽을 통과하지 못 하는 물리적 법칙을 적용할 수 있습니다. 이 효과를 주려면 Tile Effects 탭에서 **[Impassable]**를 선택하면 됩니다.

 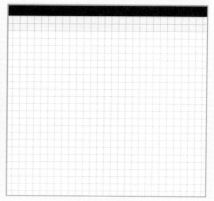

## • 바닥 만들기

① 'Walls & Floors'를 선택하면 화면 상단에 'Walls'와 'Floors' 버튼이 활성화됩니다. [Floors]를 누른 뒤 화면 오른쪽의 'Floor tiles' 항목에서 바닥 타일을 선택할 수 있습니다. 원하는 타일을 고르고 스페이스 화면에서 마우스를 드래그하거나 더블클릭하면 바닥이 설치됩니다.

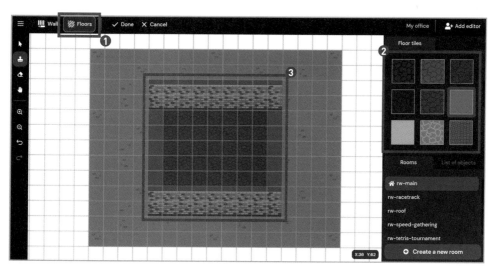

**Tip** 벽이 있는 곳에는 바닥을 설치할 수 없습니다. 만약 벽이 있는 곳에 바닥을 설치하고 싶으면 [Walls] 메뉴로 돌아가 지우개로 벽을 지운 후 바닥을 설치해야 합니다.

## ② Tile Effects 기능 사용해 보기

상단의 'Tile Effects' 메뉴를 선택하면 화면 오른쪽에 'Tile Effects' 탭이 나타납니다. 각 타일의 종류와 기능을 알아보겠습니다.

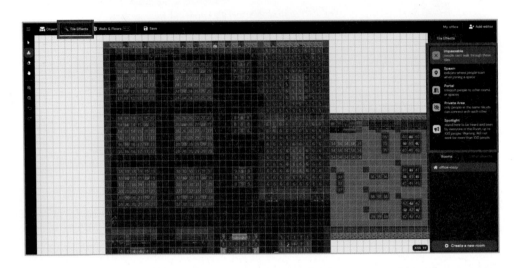

> **Tip 1**: 오브젝트 이미지와 타일 효과 이미지가 섞이면 분간하기 어려우므로 오브젝트를 배치하기 전에 타일 효과를 넣는 것이 좋습니다.

**Tip 2**

| 타일 종류 | 적용 효과 |
| --- | --- |
| Impassable | 캐릭터가 통과할 수 없는 타일입니다. |
| Spawn | 캐릭터가 스페이스에 입장할 때 처음 위치하는 타일을 지정합니다. |
| Potal | 다른 방이나 스페이스로 이동할 수 있는 타일입니다. |
| Private Area | 그 영역에 있는 참가자끼리 화상 회의를 할 수 있습니다. |
| Spolight | 방 전체에 방송을 할 수 있습니다. |

## • Impassable 타일

① 화면 오른쪽의 'Tile Effects' 탭에서 **[Impassable]**를 선택하고 스페이스 화면에서 마우스를 드래그하거나 더블클릭하면 반투명 빨간색 타일이 설치됩니다. 캐릭터가 지나갈 수 없는 벽, 파티션, 방 탈출 게임 등을 만들 때 유용하게 활용할 수 있습니다.

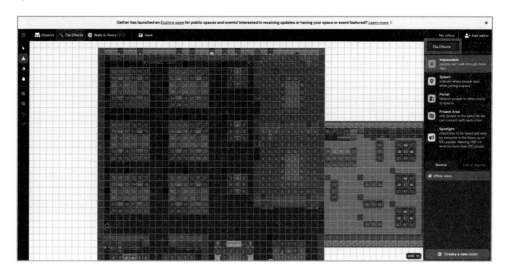

## • Spawn 타일

① 화면 오른쪽의 'Tile Effects' 탭에서 **[Spawn]**을 선택하고 로비나 현관 등의 장소에 타일을 배치합니다.

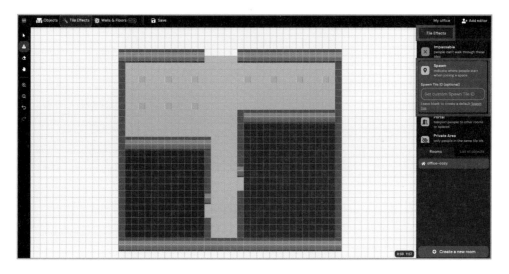

CHAPTER **02** · 게더타운 활용하기

② 특정 참가자를 원하는 위치에 배치하려면 **[Spawn]**을 선택하고 ID 입력칸에 참가자 아이디를 입력한 다음 타일을 배치합니다.

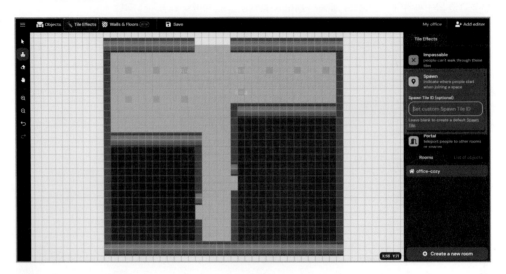

② ① 참가자를 원하는 위치에 배치하려면 옵션 메뉴의 **[Go to Space]**를 눌러 해당 스페이스로 이동합니다. 화면 왼쪽 하단의 캘린더 아이콘을 선택하고 **[Create new events]** 버튼을 누릅니다.

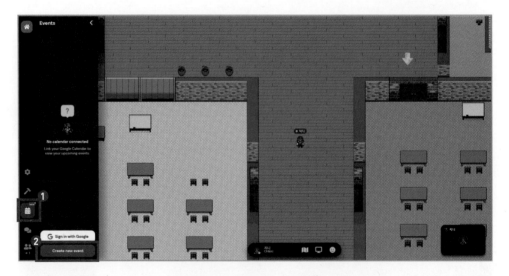

> 💡**Tip** Spawn 타일은 스페이스에 접속하는 캐릭터가 들어오는 현관입니다. 맵 메이커에서 회의장 공간의 사용 영역 밖에 Spawn 타일을 배치하면 참가자가 안으로 못 들어올 수도 있으므로 Spawn 타일 위치 선정에 주의해야 합니다.

②-② [Select location]을 누르면 나오는 'Spawn Tile ID' 목록 중 원하는 참가자의 아이디를 선택하고 [Copy location link] 버튼을 눌러 바로 가기 링크를 보내 스페이스에 접속할 수 있게 해줍니다.

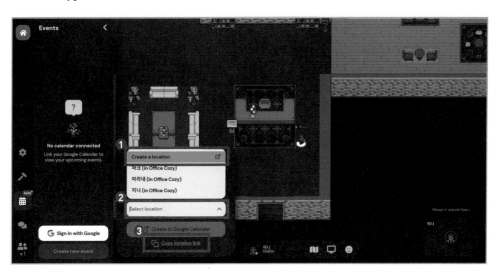

②-③ 'Spawn Tile ID' 입력을 통해 특정 참가자가 특정한 위치에 배치되었습니다.

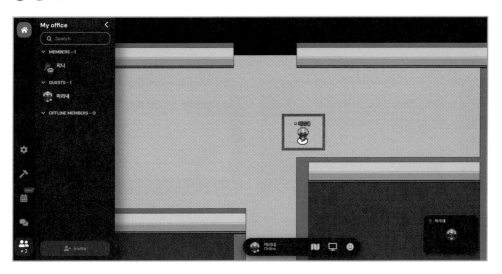

☀Tip Spawn 타일 개수는 참가자 수를 고려하여 정해야 합니다. 만약 참가자가 20명이라면 Spawn 타일 개수도 20개를 만들어야 합니다. Spawn 타일 간격은 5칸 이상 차이를 두고 배치하는 게 좋습니다. 다른 사람의 카메라와 마이크가 5칸 이내에서부터 켜지기 때문입니다.

## • Potal 타일

① 화면 오른쪽 **[Portal]**을 선택하고 입구나 출구 등 적절한 위치를 정해 클릭합니다. 'Pick portal type' 대화 상자가 나오면 방으로 이동할지 다른 스페이스로 이동할지 선택합니다.

① ① **[Portal to room]**을 선택하면 'Pick room to portal to' 대화상자가 나타나며 방 목록을 보여줍니다. 여기서는 **[office-cozy]**를 선택하고 방의 적절한 곳을 선택하면 원래 방으로 다시 돌아오며 portal 기능 설정이 완료됩니다.

① ② **[Portal to another space]**를 선택하면 'input space to portal to' 대화창이 나옵니다. 해당 스페이스의 URL을 입력하고 **[CONFIRM]** 버튼을 누르면 설정이 완료됩니다.

💡 **Tip 1** Potal 타일은 다른 방이나 스페이스로 이동할 때 사용합니다. 타일 효과를 제거하려면 화면 오른쪽의 'Tile Effects'에서 지우고자 하는 타일 효과를 선택하여 해당 타일 효과를 지울 수 있습니다.

💡 **Tip 2** 현재 있는 방에서 Potal 기능을 이용하면 강의실이나 회의실로 순간이동이 가능합니다.

💡 **Tip 3** Potal 타일은 한 번에 하나씩만 배치 가능합니다.

## • Private Area 타일

① 화면 오른쪽 **[Private Area]**을 선택하고 Area ID 칸에 글자나 숫자를 입력합니다. 스페이스에 마우스를 드래그하거나 더블클릭하면 타일이 반투명한 분홍색으로 바뀝니다.

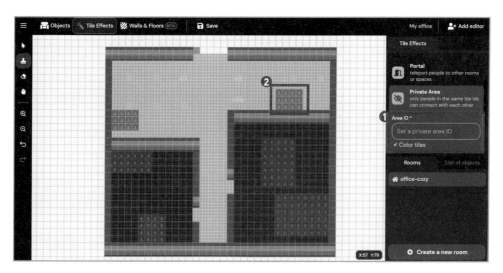

② ID 칸 아래에 있는 'Color tiles'에 체크하지 않고 타일을 지정하면 캐릭터가 Private Area 안에 들어왔을 때 해당 영역을 반투명하게 보여줍니다(사진 오른쪽의 연한 보라색 부분). 'Color tiles'에 체크하고 타일을 지정하면 해당 타일에 Private Area가 적용된 모습을 타원으로 보여줍니다.

## • Spotlight 타일

Spotlight 타일을 설치하면 룸 안에 있는 모든 사람에게 방송을 할 수 있습니다.

① Tile Effects 메뉴를 누르고 화면 오른쪽에 있는 **[Spotlight]**를 선택해줍니다. 왼쪽에 있는 강의장 오른쪽 위쪽 부분을 클릭하여 Spolight 타일 20개를 설치하였습니다. 작업을 마치면 **[SAVE]**를 눌러 작업 결과를 저장합니다.

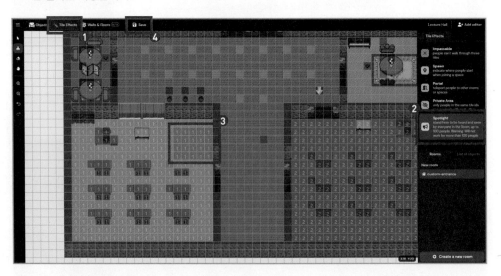

② 스페이스로 이동하여 Spolight 타일 영역 안에 들어오면 화면 아래에 룸 안에 있는 모든 참가자에게 방송을 할 수 있다는 안내 문구가 나오며 기능이 활성화됩니다.

③ Spotlight 타일을 설정한 영역 안에 들어오면 비디오에 확성기 아이콘이 나옵니다.

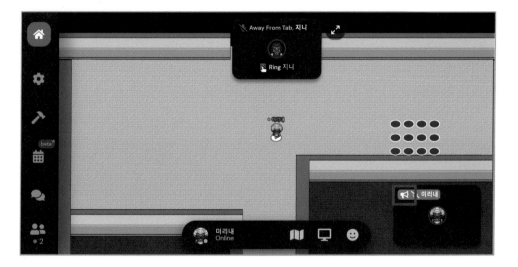

🔅Tip
1

Spotlight 타일은 방 안의 모든 참가자에게 방송할 때 사용합니다. 강의나 공지할 때 유용합니다.

🔅Tip
2

개수 제한 없이 배치할 수 있지만 타일을 여러 개 만들어 놓으면 여러 참가자의 모습과 음성이 동시에 나오게 되므로 혼란스러울 수 있습니다. 특별한 사정이 없는 한 Spotlight 타일은 한 개만 만드는 것을 추천합니다.

🔅Tip
3

Spotlight 기능은 현재 있는 스페이스 안의 모든 방이 아니라 현재 방에 있는 참가자들에게만 적용됩니다.

### ③ 오브젝트Objects 기능 사용해 보기

### • 오브젝트 설치하기

① 화면 상단의 **[Objects]** 메뉴를 선택한 후 화면 오른쪽의 'Objects' 탭에서 **[More Objects]** 버튼을 누릅니다.

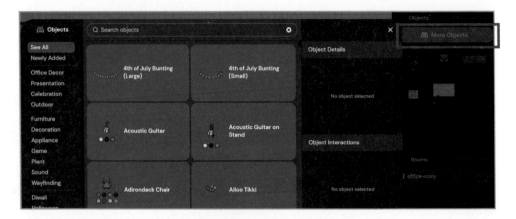

② 오브젝트 목록에서 카테고리를 선택하고 설치하고 싶은 오브젝트를 선택합니다. 'Object Interations' 중 원하는 메뉴를 선택하고 **[Select]** 버튼을 누릅니다.

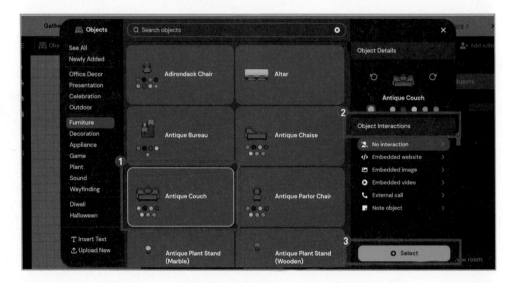

> 💡Tip
> 1
> 화면 오른쪽 'Object Details'에서 오브젝트를 회전하거나 색깔, 모양을 변경할 수 있습니다. 다만 회전 가능한 오브젝트가 있고 그렇지 않은 오브젝트도 있습니다.

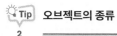 
**오브젝트의 종류**

| 이름 | 기능 | 종류 |
|---|---|---|
| Office Decor | 스페이스를 꾸밀 때 사용하는 가구나 물품 | 사과, 책, 꽃, 초, 컴퓨터 키보드, 모니터 등 |
| Presentation | 판서나 영상 등 자료를 보여줄 때 활용하는 전자기기 | 칠판, 책, 부스, 프로젝터 등 |
| Celebration | 파티용품 | 풍선, 배너, 부케, 케이크, 장식 등 |
| Outdoor | 실외 공간을 꾸밀 수 있는 물품 | 캠핑 용품, 꽃, 나무 등 |
| Furniture | Room 안에 놓을 수 있는 가구 | 책상, 책장, 의자, 캐비닛 등 |
| Decoration | 스페이스를 장식할 수 있는 소품 | 트로피, 피아노, 책, 바구니 등 |
| Appliance | 기기 | 라디오, 프린터, 컴퓨터, TV 등 |
| Game | 게임 연결 기능 | 테트리스, 포커, 스도쿠 등 |
| Plant | 식물 | 분재, 벚꽃 등 |
| Sound | 소리가 나오는 오브젝트 | 장작, 분수대, 흐르는 물 등 |
| Wayfinding | 길 찾기 안내판 | 게시판, 표지, 발자국 등 |
| Insert Text | 글을 오브젝트로 입력하는 기능 | |
| Upload New | 이미지를 오브젝트로 입력하는 기능 | |

③ 타일을 배치하려는 곳을 클릭하면 오브젝트가 설치됩니다. 오브젝트 설치를 멈추려면 화면 왼쪽의 아이콘 중 하나를 선택합니다.

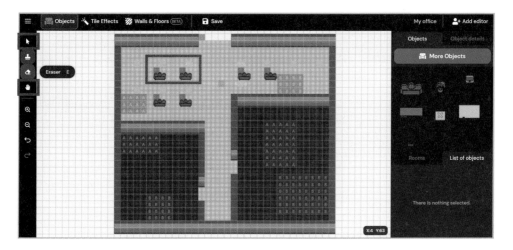

**Tip 1** 오브젝트 설치를 멈추려면 화면 왼쪽 아이콘 중 Stamp가 아닌 것을 선택해야 합니다.

**Tip 2** 배치된 오브젝트 위치를 바꾸려면 화면 왼쪽의 화살표 아이콘(Select)을 선택하고 오브젝트를 원하는 곳으로 이동시킵니다.

**Tip 3** 오브젝트를 지우려면 화면 왼쪽의 지우개 아이콘(Stamp)을 선택하고 지우려는 오브젝트를 클릭합니다.

④ 오브젝트를 겹쳐서 배치하려면 크기가 큰 오브젝트를 먼저 설치합니다. 아래의 왼쪽처럼 큰 테이블 위에 작은 부케를 놓는 건 괜찮지만 오른쪽처럼 작은 부케 위에 큰 테이블을 놓으면 테이블이 부케를 가려서 잘 안 보이게 되기 때문입니다.

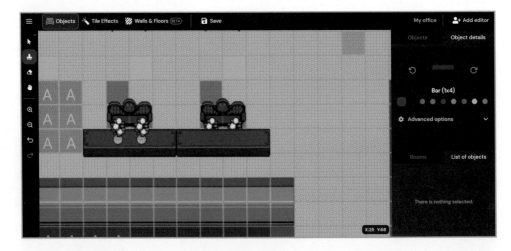

**Tip** 테이블에 가려진 부케를 보이게 하려면 테이블을 선택하고 화면 오른쪽 **[List of objects]** 탭에서 해당 오브젝트를 옆의 ⋮을 선택합니다. 이때 나오는 **[Move]** 메뉴를 클릭하여 오브젝트의 순서를 바꿀 수 있습니다.

CHAPTER 02. **게더타운 활용하기**

## • 게임 오브젝트 설치해 보기

① 오브젝트 분류에서 **[Game]** 메뉴를 선택하고 **[Battle Tetris]**를 누르면 화면 오른쪽에 'Embedded website'가 선택됩니다.

② **[Embedded website]**를 클릭하면 'Autogenerated if left blank'라는 문구가 보입니다. 자동으로 테트리스 게임 웹사이트로 연결된다는 의미입니다. **[Select]** 버튼을 누르고 오브젝트를 원하는 곳에 배치합니다.

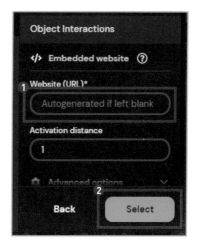

> 🔆**Tip** 'Activation distance'의 숫자는 테트리스 오브젝트 중심으로 사방으로 몇 칸 안에 들어왔을 때 작동하는지를 나타냅니다. 기본값으로 1이 입력되어 있지만, 변경할 수 있습니다.

③ 로비에 테트리스 오브젝트를 설치하고 화면 상단의 **[SAVE]** 버튼을 눌러 작업 결과를 저장합니다.

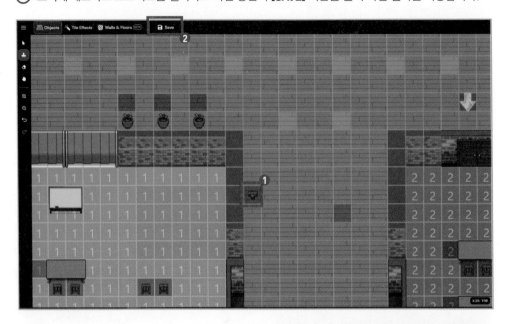

④ 테스트를 위해 **[Objects]** 메뉴의 **[Go to Space]** 를 눌러 스페이스로 이동합니다.

CHAPTER 02. **게더타운 활용하기**

⑤ 설치된 테트리스 오브젝트가 보입니다. 설정대로 1칸 안에 캐릭터가 들어가면 'Press X to play Battle Tetris' 문구가 나옵니다. ⓧ 키를 누르면 테트리스 사이트에 접속되며 게임을 할 수 있습니다. 외부 사이트를 그대로 끌어온 것이므로 게더타운 계정과는 연결되지 않습니다.

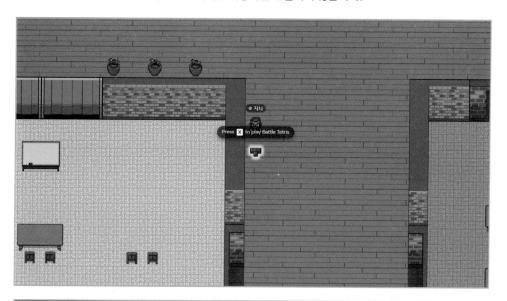

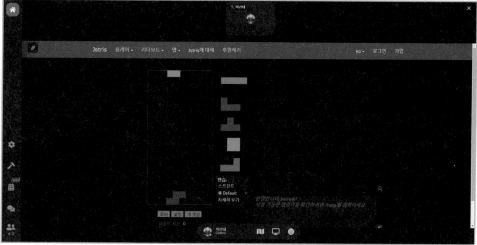

> ☀Tip  ⓧ 키를 눌러도 테트리스 게임이 실행되지 않는다면 한/영 키를 눌러 키보드 입력 언어를 영어로 변경하고 다시 시도해 보세요.

## • 사운드 오브젝트

물소리, 분수 소리, 장작 타는 소리 등을 자동으로 내는 오브젝트입니다. 사운드는 게더타운에서 기본적으로 세팅하여 제공해주고 있습니다. 사운드 오브젝트 설치 및 배치 방법을 알아보겠습니다.

① 화면 상단의 [Objects] 메뉴를 선택한 후 화면 오른쪽의 [Objects] 탭에서 [More Objects] 버튼을 누릅니다. 오브젝트 분류에서 [Sound]를 선택합니다. 원하는 오브젝트를 선택하고 [Select] 버튼을 누릅니다.

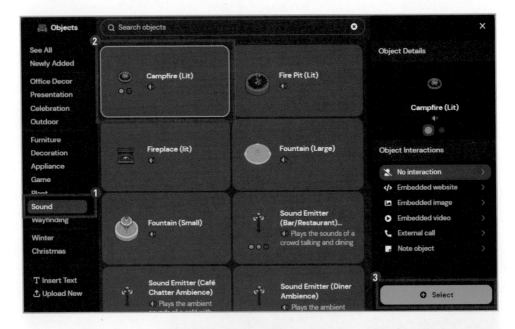

② 원하는 위치에 사운드 오브젝트를 설치합니다.

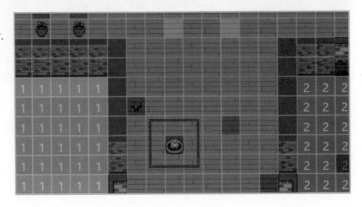

③ 사운드 오브젝트 아이콘을 숨겨서 배치할 수도 있습니다. 'Sound Emitter'를 선택하여 나오는 'Object Details'에서 세 번째 투명한 동그라미를 선택하면 오브젝트가 보이지 않게 배치할 수 있습니다.

④ 사운드 오브젝트의 볼륨은 이 화면에서 설정할 수 없으며 방 참가자가 화면 왼쪽 하단 톱니바퀴 아이콘(Settings)의 'User' 탭에서 직접 조절해야 합니다.

## • 텍스트 오브젝트

① 화면 상단의 **[Objects]** 메뉴를 선택한 후 화면 오른쪽의 **[Objects]** 탭에서 **[More object]** 버튼을 누릅니다. 오브젝트 분류에서 **[Insert Text]** 메뉴를 선택합니다. 'Insert Text'에 텍스트를 입력하고 Font Size(글자 크기)를 정합니다. 입력을 마치면 **[Create and select]** 버튼을 누릅니다.

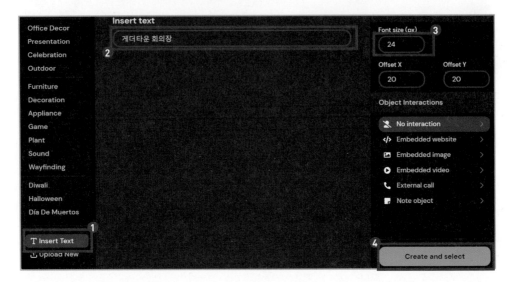

② 스페이스에 텍스트를 배치해 봅니다.

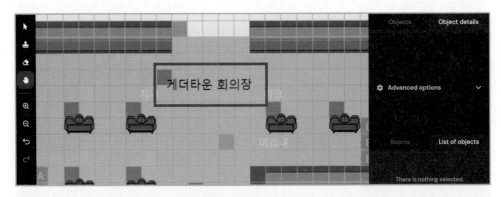

> **Tip 1** 타일 한 칸이 가로, 세로 각각 32픽셀인 것을 감안하여 Font size를 정합니다. Offset X와 Offset Y 는 각각 텍스트가 입력되는 타일 왼쪽 위에서부터 여백을 얼마나 설정할지 결정하는 값입니다.

> **Tip 2** 텍스트 오브젝트에서는 다른 서체를 지원하지 않습니다. 좀 더 멋진 글자를 넣으려면 한글이나 파워포인트에서 작업 후 이미지로 저장하여 글자를 넣는 방법이 있습니다.

## • 이미지 업로드하기

①  오브젝트 분류 중 **[Upload New]** 메뉴를 선택하면 내 컴퓨터에 있는 이미지를 오브젝트처럼 활용할 수 있습니다. 이미지 파일을 업로드하고 화면 오른쪽의 'Object name'에 이름을 입력한 뒤 **[Create and select]** 버튼을 누릅니다.

②  이미지가 삽입되었습니다.

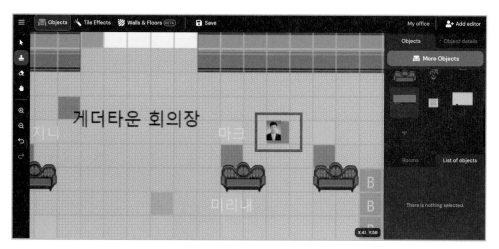

④ **인터랙티브 오브젝트**Interactive Objects **알아보기**

게더타운에서는 웹사이트 링크, 동영상, PDF 문서, 메모 표시 등 참가자들이 상호작용할 수 있는 오브젝트를 제공합니다. 오브젝트를 설정하는 옵션은 상호작용을 적용하지 않는 것을 포함하여 6가지가 있습니다. 하나씩 알아보겠습니다.

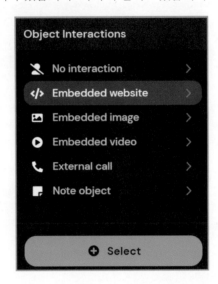

• No Interaction

① 모든 인터랙션을 제거하여 상호작용하지 않는 오브젝트를 만들 때 활용합니다. **[No interaction]**을 누르고 **[Select]** 버튼을 눌러 오브젝트를 배치합니다.

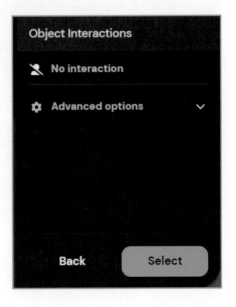

## · Embedded website

① 참가자들과 웹사이트를 공유할 때 활용합니다. 해당 웹사이트의 URL을 복사하여 'Embedded website'의 Website(URL)에 붙여넣고 **[Select]** 버튼을 누릅니다. 만들어진 오브젝트를 원하는 위치에 배치합니다.

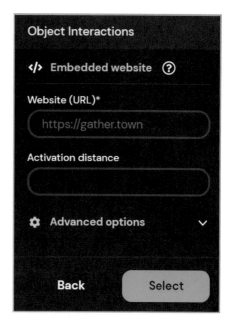

Tip 온라인 강의 협업 사이트인 패들렛(https://padlet.com)의 URL 주소를 링크에 추가하면 참가자들과 소통이 가능합니다. 또한 구글 문서, 파워포인트 문서 등도 공유할 수 있습니다.

## • Embedded image

① 이미지 공유에 알맞은 오브젝트를 선택하고 **[Embedded image]**를 선택합니다. 'image'와 'Preview image'를 업로드합니다. 'Activation distance'에 원하는 숫자를 입력하고 **[Select]** 버튼을 누릅니다.

 Tip
1
Embedded image는 참가자들과 이미지를 공유할 때 활용합니다.

 Tip
2
그림판 등의 프로그램을 활용하여 이미지 크기를 수정할 수 있습니다.

 Tip
3
'Activation distance'는 오브젝트가 설치된 타일에서 어느 정도 거리에 캐릭터가 들어왔을 때 기능이 활성화되는지를 설정할 때 활용합니다.

## · External call

① 게더타운 외부의 화상회의 시스템과 연결할 때 활용합니다. 'Video(URL)'에 화상회의 개설 주소 등을 입력하고 'Activation distance'에 원하는 숫자를 입력한 후 [Select] 버튼을 누릅니다.

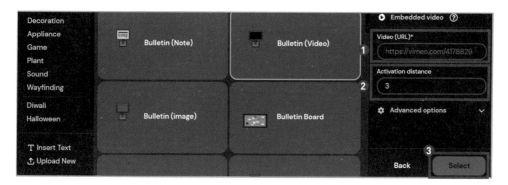

 **Tip** 이 기능을 활용하면 게더타운 내의 줌 회의실에 접속되는 게 아니라 테트리스 게임처럼 외부 사이트로 연결됩니다. 게더타운과 줌의 카메라 · 마이크 충돌이 일어날 수 있으므로 게더타운과의 카메라와 마이크 연결은 자동으로 중지됩니다.

## · Note obeject

① 'Message'에 참가자들에게 전달할 내용을 적고 'Activation distance'를 입력한 뒤 [Select] 버튼을 누릅니다.

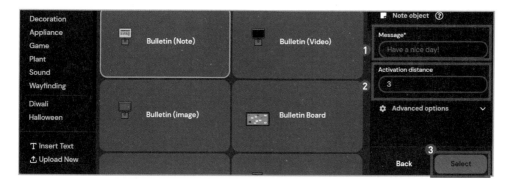

 **Tip** 'Advanced options'의 Display(start)와 Display(end) 기능을 이용하면 오브젝트를 보여주는 시간을 설정할 수 있습니다. 예를 들어, 방탈출 게임을 만든다면 방탈출을 위한 힌트를 특정 시간 내에만 보여줄 수 있습니다.

## • 다른 사람과 스페이스 만들기

① 스페이스 화면 왼쪽의 망치 모양 아이콘을 누르고 **[Open object picker]**를 선택하면 참가자들도 스페이스 만들기를 함께 할 수 있습니다.

> 💡 **Tip** 게더타운은 기본적으로 글로벌 빌드 모드가 활성화되어 있습니다. 글로벌 빌드(Global Build) 모드 란 참가자들이 스페이스를 수정할 수 있는 상태를 말합니다. 글로벌 빌드 모드를 비활성화하려면 스페이스 화면 왼쪽 하단의 **[Setting]** 버튼을 누릅니다. **[Space]** 탭의 왼쪽 하위 메뉴 중 **[Space Customization]**을 선택하고 글로벌 빌드 모드를 비활성화시킵니다.

# Section 04 실전 프로젝트

## 온라인 강의장 만들기

지금까지 게더타운 사용법과 맵 메이커를 활용한 스페이스 만들기 방법을 알아보았습니다. 이번 장에서는 앞에서 배운 내용을 활용해 온라인 강의장을 만들어 보겠습니다. 무언가를 만들 때 설계도부터 그리고 시작하면 시행착오를 줄일 수 있습니다. 게더타운에서 강의장을 만들 때도 마찬가지입니다. 설계도는 종이에 그려도 되고 엑셀 프로그램을 이용해도 됩니다. 여기에서는 엑셀을 이용하여 설계도를 그린 후 스페이스를 만들어보겠습니다.

**| 만들어 볼 스페이스 맵 |**

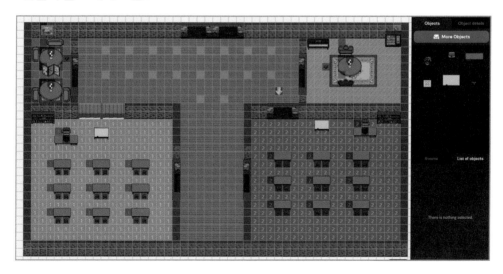

## • 엑셀로 설계도 만들기

① 엑셀을 실행해서 새 통합문서를 만듭니다. Ctrl + A 를 눌러 모든 셀을 선택하고, A열과 B열 사이를 클릭합니다. 열 너비를 32픽셀로 조정합니다. 마찬가지 방법으로 행 높이도 32픽셀로 맞춥니다.

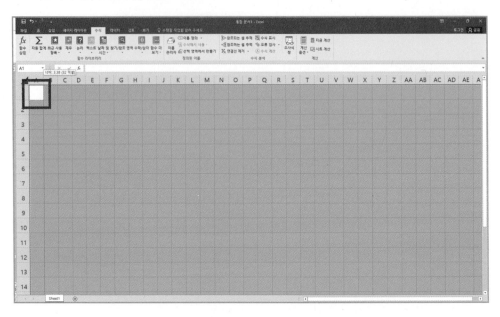

② 색 채우기 기능으로 스페이스의 벽, 바닥, 책상, 칠판 등의 밑그림을 그려봅니다.

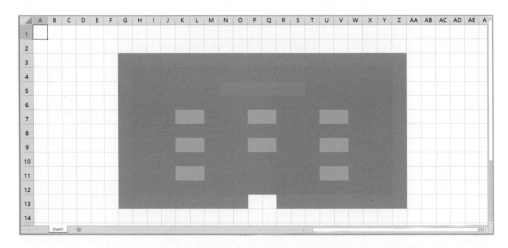

> **Tip** 게더타운 맵 메이커의 타일 한 칸의 픽셀은 가로 세로 각각 32입니다. 따라서 엑셀에 설계도를 그리고 맵 메이커에 그대로 옮기면 효율적으로 스페이스를 만들 수 있습니다.

## • 벽 만들기

① 게더타운에 접속한 뒤 화면 오른쪽 상단의 **[Create Space]** 버튼을 누릅니다.

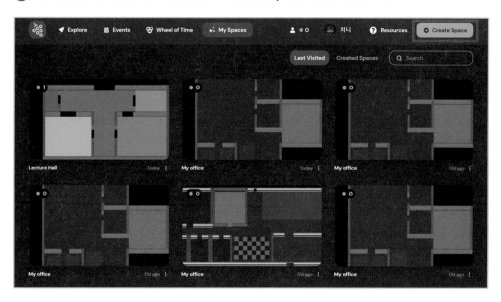

② 원하는 유형을 선택합니다. 우리는 아무것도 없는 템플릿을 이용할 것이므로 아무 유형이나 선택해도 괜찮습니다. 선택 후 **[Select Space]** 버튼을 누릅니다.

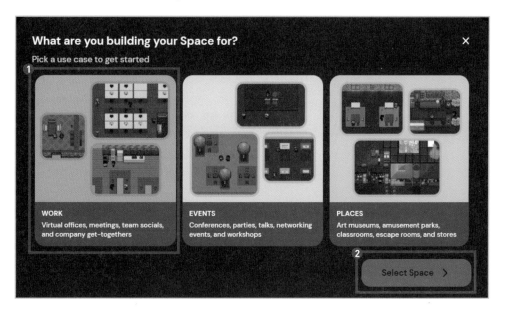

③ 'Templates'에서 [Blank] 카테고리를 선택한 후, 첫 번째 Blank를 클릭합니다. 화면 오른쪽 하단의 Space name을 입력하고 용도를 정한 뒤 [Open Mapmaker] 버튼을 누릅니다.

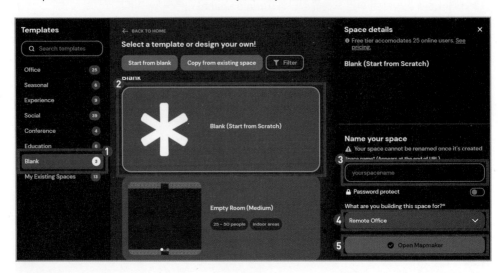

④ 화면 상단의 'Wall&Floors'를 클릭하면 다음과 같은 Beta warning 경고창이 뜹니다. 배경을 설정하고 [Wall&Floors] 메뉴를 이용할 경우 배경이 지워진다는 메시지입니다. 우리는 배경을 설정하지 않았으므로 [Continue] 버튼을 누르고 계속 진행합니다.

⑤ [Walls] 메뉴에서 원하는 벽 디자인을 골라 벽을 그립니다. 강의실 두 곳과 휴게실을 두 곳을 만들어 보았습니다.

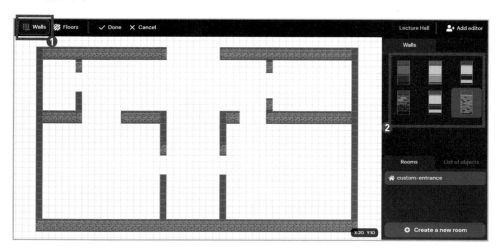

Tip 맵 첫 화면에서 X, Y 방향으로 끊임없이 이동 가능합니다. 그렇다고 맵의 모든 부분에 벽과 바닥을 설치할 수 있는 것은 아닙니다. 흰색 부분에만 벽과 바닥 설치가 가능하고 회색 부분은 불가능합니다.


• 바닥 만들기

① 화면 상단의 [Floors] 메뉴를 클릭하여 바닥 디자인을 고릅니다. 강의실, 휴게실, 복도를 다른 색깔과 무늬로 구별하여 배치합니다. 출입문은 나중에 오브젝트 메뉴에서 설치할 것이므로 바닥을 배치하지 않아도 됩니다. 작업을 완료한 후 화면 상단의 [Done] 버튼을 눌러줍니다.

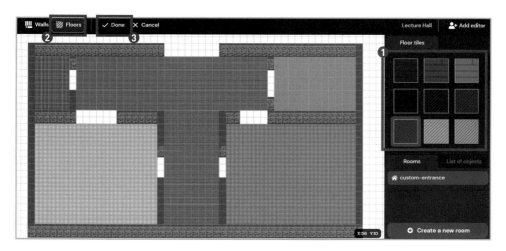

## • 타일 효과 적용하기

① 화면 상단의 **[Tile Effects]**를 선택한 뒤 'Impassable' 효과를 적용하면 캐릭터가 벽을 통과하지 못하게 할 수 있습니다.

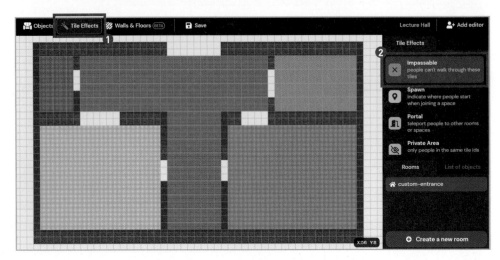

② 도구 메뉴의 지우개를 이용하여 왼쪽 상단의 기본 타일을 지워줍니다. 이 타일은 스페이스를 설계할 때 기본으로 생기는 Spawn 타일입니다. 이 타일을 지우지 않으면 참가자가 로비나 회의실 안으로 들어오지 못할 수도 있습니다. 이때 그냥 지우개 도구를 선택하고 Spawn 타일을 지우려고 하면 지워지지 않습니다. 화면 오른쪽에서 Spawn 타일 유형을 선택하고 지우개를 선택한 후, 지우려는 spawn 타일을 클릭해야 지울 수 있습니다.

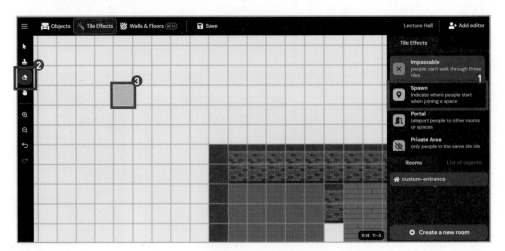

③ **[Spawn]**을 선택하여 로비 공간에 타일을 배치합니다. 타일 간격이 너무 가까우면 캐릭터가 처음 접속했을 때 상대방 카메라에 자동으로 연결되어 불편할 수 있으므로 적당한 간격을 유지하여 배치합니다.

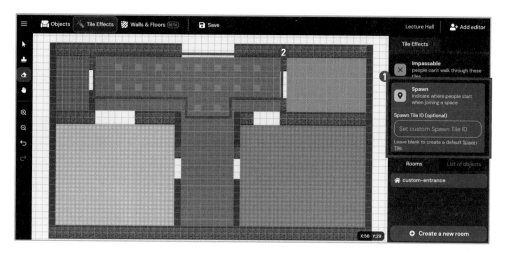

④ **[Private Area]**를 선택하여 강의실 내에서는 멀리 떨어져 있어도 대화가 가능하도록 설정합니다. 각 작업이 끝날 때마다 반드시 **[SAVE]** 버튼을 눌러 저장합니다.

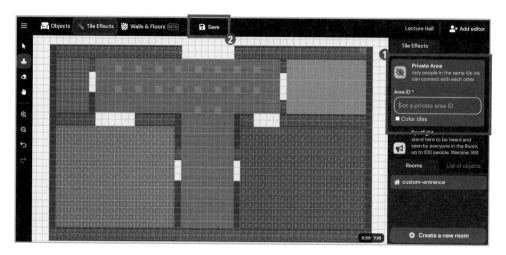

## • 오브젝트 설치하기

① 화면 상단의 [Objects] 메뉴를 클릭하고 화면 오른쪽에서 [More Objects]를 선택합니다.

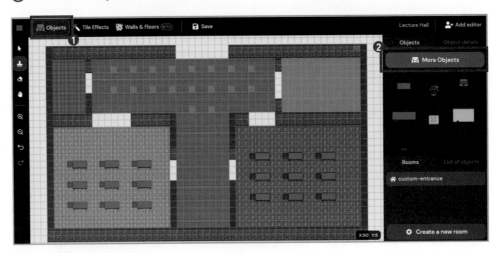

② 오브젝트 메뉴에서 [See All]을 선택한 뒤 검색창에 'table'을 입력합니다. 검색된 책상 중 원하는 크기를 선택합니다. 강의실이 크지 않으므로 1×2 테이블을 선택하겠습니다. 선택이 완료되면 [Select] 버튼을 누릅니다.

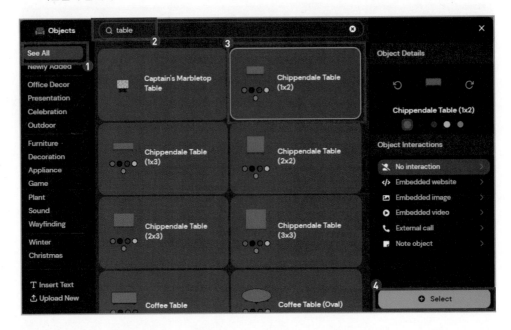

③ 의자(Chair), 화이트보드(Whiteboard), 책상(Desk), 문(Door), 게임(Game) 등도 배치합니다.

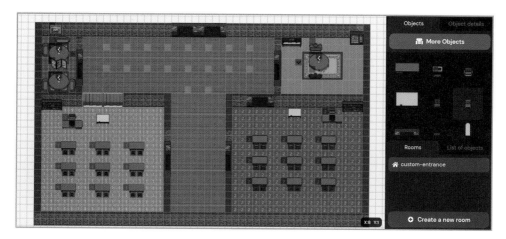

## • 상대방 초대하기

❶ 오브젝트 분류에서 **[Wayfinding]**을 선택하고 원하는 화살표 모양을 고릅니다. 'Message'에 강의 내용을 알리는 글을 적은 후 **[Select]** 버튼을 누릅니다.

② 화살표를 원하는 위치에 배치합니다. 작업을 마치면 반드시 **[SAVE]** 버튼을 눌러 저장합니다.

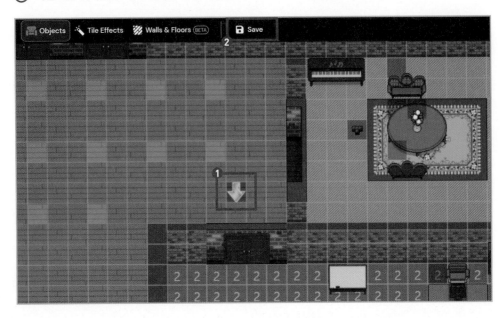

③ 스페이스에서 화살표 근처에 다가가 ⊠ 버튼을 누르면 강의 안내 글이 나옵니다.

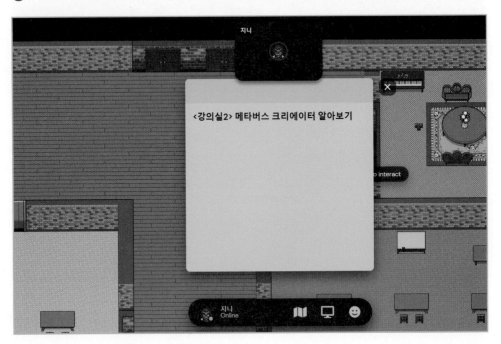

## • 맵 메이커 없이 오브젝트로 꾸미기

❶ 스페이스 화면 왼쪽 하단의 망치 모양 아이콘을 누릅니다. **[Build]** 탭 하위 메뉴 중 **[Open object picker]**를 선택하면 오브젝트를 추가할 수 있습니다.

❷ 스페이스 화면에서 사무용품, TV, 가구, 게임 등 게더타운에서 제공하는 오브젝트를 배치할 수 있습니다.

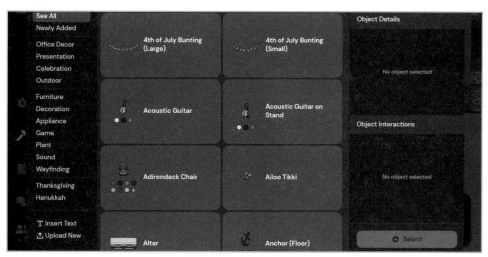

> 🔅Tip  오브젝트를 삭제하려면 **[Erase]** 탭을 누른 후, 삭제하려는 오브젝트를 클릭합니다.

# 온라인 강의장 활용 제안

## 강의장 설계 후기

코로나19의 등장으로 많은 사람이 한자리에 모여서 강의 듣는 게 어려워졌습니다. 따라서 기업이나 교육 기관에서는 줌이나 팀즈 등의 화상회의 툴을 활용하여 강의나 행사를 진행하기 시작했습니다.

처음에는 모든 사람이 줌이나 팀즈에 접속해 카메라를 켜놓고 강사의 말에 귀를 기울였습니다. 하지만 강의를 듣는 내내 자기 얼굴이 모두에게 노출된다는 것에 피로감을 느끼는 사람들이 점차 늘어났습니다. 이런 이유로 화상회의 툴에 거부감을 보이는 사람까지 생기고 말았습니다.

이러한 영향으로 요즘에는 화상회의에 참가하는 대부분 사람이 카메라를 꺼놓거나 다른 용무를 보는 일도 많아지고 있습니다. 또한 같은 방에 접속해 있지만 실제로는 다른 장소에 머물며 소극적인 상호작용을 하기 때문에 참가자 간의 유대감도 부족합니다. 게더타운 온라인 강의장은 이런 문제를 해결해 줄 대안이 될 것입니다.

게더타운은 같은 스페이스에 있거나 아바타의 거리가 가까워졌을 때만 카메라가 켜지기 때문에 친밀한 상호작용이 가능합니다. 또한 참가자의 아바타들이 같은 스페이스에 머물며 이모티콘을 이용한 의사표현까지 할 수 있어서 서로가 연결되어 있다는 느낌을 줄 수 있습니다.

게더타운 강의장은 크게 6개의 공간으로 구성하였습니다. 로비, 복도, 강의실 두 곳, 휴게실 두 곳입니다. 장소별로 나누어 설계 의도와 실제 어떻게 활용하면 좋을지 제안해보겠습니다.

## 로비에서 게더타운 참가자들과 자유롭게 만나 대화하자

로비에는 맵 메이커로 강의장 제작 시 Spawn을 20군데 설치하였습니다. 참가자들이 강의장에 처음 입장했을 때 등장하는 장소입니다. 적절한 거리를 두고 Spawn을 배치하여 처음 스페이스에 입장했을 때는 다른 참가자들의 카메라가 켜지지 않습니다. 여러 참가자가 모여 있는 장소이므로 다른 참가자들과 인사도 나누고 자기소개도 하며 친밀도를 쌓을 수 있습니다.

로비 바닥에는 강의장을 안내하는 화살표와 강의 내용을 알려주는 메모도 넣었습니다. 독자 여러분들은 강의장을 설계할 때 바닥에 텍스트나 이미지를 삽입하여 참가자들의 이해를 도울 수 있을 것입니다.

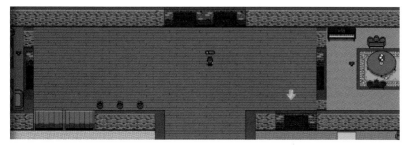

◀ 로비의 모습

## 복도를 통해 강의실로 이동하자

로비에서 참가자들과 자유롭게 대화를 나눈 후 강의장으로 이동해야 합니다. 로비는 처음 입장한 참가자와 자유롭게 소통 중인 참가자들이 뒤엉켜 있어 다소 혼잡할 수 있습니다. 그래서 여유 공간인 복도를 배치하면 강의장으로 이동할 때 로비에 있는 다른 참가자들의 방해를 받지 않습니다.

또한 강의를 듣는 참가자들은 동질집단이며 지인 사이인 경우가 많고, 강의자는 주로 외부에서 오기 때문에 참가자들과 처음 만나는 사이인 경우가 많습니다. 이런 이유로 강의장에 입장할 때 혼잡한 로비에서 처음 만나는 참가자들과 자꾸 마주쳐 카메라가 켜진다면 다소 불편함을 느낄 수 있을 것입니다. 이럴 땐 강의자를 배려하여 Spawn 타일을 강의실 내에 배치하고 타일의 기능을 이용해 특정 위치에 등장하도록 배려할 수도 있을 것입니다.

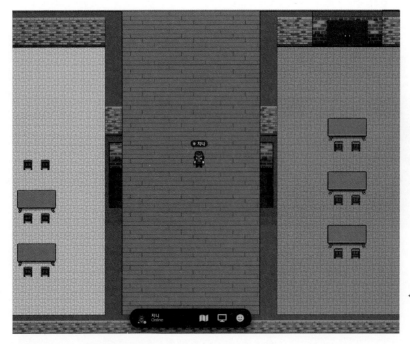

◀ 복도를 통해
강의실로
이동하는 모습

# 활발한 상호작용을 위해 적은 인원으로 나누어 강의하자

이번에 설계한 강의실은 여러 강의가 동시에 진행되는 연수원 규모는 아니었기 때문에 강의실을 한 개로 설계할 수도 있었습니다. 그러나 강의실을 굳이 두 곳으로 설계한 이유는 한 공간 안의 연수생들끼리 활발히 상호작용을 할 수 있도록 하기 위함이었습니다. 이처럼 강의를 운영할 때 강사 두 명을 초빙하고 연수생들을 A, B 두 반으로 나누어 1교시와 2교시 각각 다른 강의실에서 강의를 듣도록 하는 방법도 있을 것입니다.

또한 두 가지 주제로 강의를 개설하여 연수생들이 자유롭게 강의실을 선택하여 강의를 듣게 할 수도 있겠습니다.

같은 강의실 내에서는 거리가 멀어도 강사의 말이 잘 전달되고 서로 대화할 수 있도록 Private Area 타일 효과를 적용하였습니다. 강의실마다 화이트보드를 1개씩 배치하여 중요한 공지사항이나 토론 주제를 참가자들에게 전달할 수 있습니다. 또한 강의실 바닥에

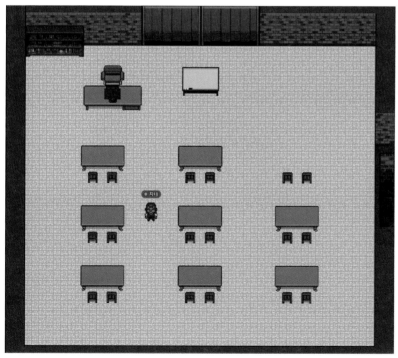

◀ 제1 강의실 모습

참가자의 이름을 입력해 놓으면 어느 참가자인지 쉽게 알 수 있어서 토론할 때 수월할 것입니다.

## 휴게실에서 게임을 하며 친밀도를 쌓자

강의 시작 전 기다리는 시간이나 쉬는 시간에 휴게실에서 개인적인 대화를 나누고 싶은 참가자와 상호작용을 할 수 있습니다. 휴게실에는 테트리스 게임과 피아노 연주가 가능한 오브젝트를 배치하여 대기 시간을 지루하지 않게 보낼 수 있습니다.

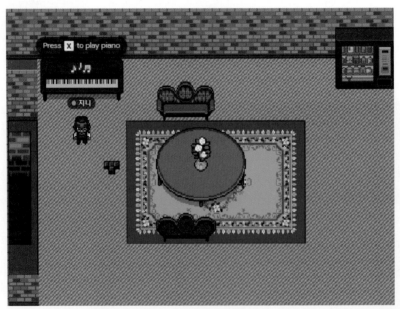

◀ 휴게실 모습

CHAPTER 02. **게더타운 활용하기**

# CHAPTER 03

# 제페토 활용하기

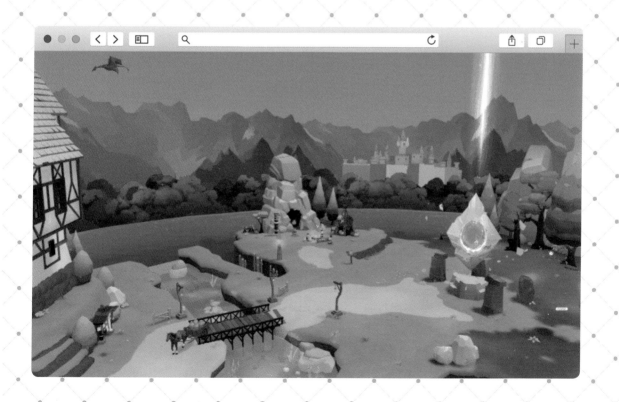

# 제페토란?

## 제페토 플랫폼 소개

▲ 제페토의 '가든웨딩' 월드 모습

제페토는 3D 아바타로 소셜 활동을 즐길 수 있는 메타버스 플랫폼입니다. 아바타를 이동시켜 다른 사람들과 자유롭게 채팅이나 음성으로 대화할 수도 있고, 원하는 장소로 여행을 떠날 수도 있습니다. 그리고 가상 세계에서 친구들과 게임을 즐길 수도 있습니다.

제페토는 네이버 자회사인 네이버Z에서 2018년 출시되었으며, 세계적인 메가히트 플랫폼으로 성장하고 있습니다. 3D 가상 세계 이용자들은 자신의 개성을 살려 아바타를 꾸미고 그 아바타를 이용해 세계인들과 직접 대화를 할 수 있습니다. 그리고 사용자가 2억 명 이상일 정도로 많은 사람이 이용하고 있습니다. 이 중 80% 정도가 MZ세대이고 90% 정도가 해외 가입자라고 합니다.

제페토는 하이브가 70억 원, YG인베스트먼트와 YG플러스가 50억 원, JYP엔터테인먼트가 50억 원을 투자할 정도로 성장 가능성이 큰 플랫폼입니다. 대형 연예기획사들이 제페토에 투자하는 이유는 수익 창출의 가능성을 봤기 때문입니다. MZ세대가 주 사용자인 플랫폼을 연예인 홍보의 장으로 사용할 수도 있고 소속사 연예인들을 모티브로 한 아이템을 판매할 수도 있습니다.

또한 제페토 안에서는 현실 세계에서 구입하지 못하는 명품 브랜드 아이템들을 부담 없이 구매할 수도 있습니다. 제페토에서는 캐릭터의 모습을 내 마음대로 꾸미고 다양한 의상 아이템들도 만들어 판매할 수 있습니다. 그리고 다양한 테마를 가진 가상 세계인 월드에 들어가 사람들을 만나 놀기도 하고 게임을 할 수도 있습니다. 포토부스에서 찍은 사진을 SNS에 공유하고 웹툰과 뮤직비디오를 제작할 수도 있습니다.

이번 장에서는 무한한 가능성을 가지고 있는 메타버스의 선두주자인 제페토 플랫폼에 대하여 알아보도록 하겠습니다.


## 제페토만의 특징

제페토 플랫폼의 대표적인 특징으로는 다양한 메타버스 크리에이팅이 가능하다는 점입니다. 첫 번째 크리에이팅은 바로 '월드'라고 부르는 나만의 세계를 만드는 것입니다. '빌드잇'이라는 프로그램을 이용하여 다양한 지형과 오브젝트를 활용해 자신이 상상한 공간을 만들 수 있습니다. 코딩을 모르는 사용자도 마우스를 이용해 가상 세계를 자유롭게 디자인할 수 있어 진입 장벽이 낮습니다.

두 번째 크리에이팅은 아이템을 만들어 판매하는 것입니다. 아바타가 착용하는 옷, 머리모양, 신발 등의 아이템을 디자인할 수 있습니다. 제페토에서 제공하는 다양한 템플릿을 이용하여 초보자도 2D 환경에서 아이템을 제작할 수 있고, 전문가는 블렌더나 마야 같은 전문가용 프로그램을 사용하여 3D의 수준 높은 아이템을 만들 수 있습니다.

이처럼 제페토는 가상 세계에서의 경제활동을 현실 세계에서의 경제활동과 연결시켜 주는 진짜 메타버스 플랫폼이라고 할 수 있습니다.

## 제페토 활용 사례

### • 기업 : 구찌의 가상 아이템

네이버Z는 글로벌 명품 브랜드 구찌Gucci와 제휴를 맺고 제페토에서 구찌 IP를 활용한 다양한 패션 아이템과 3D 월드를 런칭하였습니다.

제페토는 이번 협업을 통해 스타일리시하고 힙한 라이프스타일을 추구하는 Z세대들의 놀이문화가 제페토 내에 더욱 확산돼 플랫폼의 경쟁력을 높이고, 글로벌 1020 사용자들과의 스킨십도 확대될 수 있을 것으로 기대하고 있습니다.

제페토는 구찌 특유의 화려한 색감과 패턴이 수놓아진 의상, 핸드백, 액세서리 등 총

▲ 구찌 빌라[9]

9)　출처 및 감상하기 : 구찌 공식 유튜브 채널(https://youtu.be/GYWA_kPJZM0)

60종의 아이템을 출시하였습니다. 이에 더해 3D 제페토 월드에서는 이용자들이 구찌 본사가 위치한 피렌체 배경의 '구찌 빌라Gucci Villa' 월드에서 직접 아이템을 착용해 볼 수 있고 유럽풍 건축물과 아름다운 정원을 거닐며 세계 여러 나라의 이용자들과 만나 소통할 수도 있습니다.

## • 공공기관 : 근로복지공단의 가상 인재개발원

근로복지공단 인재개발원은 제페토를 활용한 가상 인재개발원에서 채용된 직원 155명을 대상으로 리더십 교육을 진행하였습니다.

공단은 코로나19 생활치료시설로 운영되고 있는 인재개발원에서 집합 교육을 진행할 수 없는 상황 때문에 융합형 미래 인재 양성을 지속적으로 추진하기 위해 가상현실VR 기술을 활용한 가상 인재개발원을 구축하였습니다.

가상 인재개발원은 실제 인재개발원 전경과 유사하게 구현했고, 포토존과 게임존도 배치하였습니다. 연수생들은 가상 인재개발원 공간 내에서 인재개발원 견학, 단체 기념사진 촬영, 점프맵 체험 등의 활동에 참여하였습니다.

◀ 근로복지공단
가상 인재개발원[10]

---

10) 출처 : 근로복지공단 홈페이지(https://hrdcenter.kcomwel.or.kr)

## • 공공기관 : 서울창업허브 월드

제페토 내 서울시의 '서울창업허브 월드'가 서비스를 시작하였습니다. 월드 내부에는 서울의 우수 스타트업 64개와 서울시의 창업지원시설을 한눈에 볼 수 있는 홍보 전시관이 들어섭니다. 1인 미디어 방송을 할 수 있는 스튜디오, 투자유치 등의 비즈니스 행사가 열리는 컨퍼런스홀, 스타트업 오피스 같이 서울시가 운영하는 다양한 창업지원 시설을 실제로 구현하였습니다.

서울시는 최근 산업 전반으로 확산 중인 '메타버스'를 활용해 스타트업 글로벌 홍보 효과를 극대화한다는 목표를 가지고 있습니다.

▲ 서울창업허브 월드 스타트업 홍보관[11]

11) 출처 및 둘러보기 : 서울창업허브 공식 유튜브 채널(https://youtu.be/Gt7iGSHOJ8Y)

- **교육기관 : 중앙대학교 가상 서울캠퍼스**

중앙대학교는 서울 캠퍼스 정문 인근 모습을 담은 '중앙대학교 서울캠퍼스'를 제페토 내에 구축하였습니다. 제페토에 입장해 월드에서 '중앙대학교 서울캠퍼스'를 검색하면 맵에 입장할 수 있습니다. 중앙대 가상 캠퍼스는 코로나19로 캠퍼스 방문이 어려운 학생들에게 학교 주변 풍경을 경험할 기회를 주기 위해 학생들이 주도해 만든 것입니다. 여기에는 학생회관 등 실제로 존재하는 건물들을 구현하였습니다. 또한 학교 로고가 새겨진 학교 잠바도 아이템으로 등록했습니다.

가상 캠퍼스는 오픈 직후부터 1,000명이 넘는 학생들이 몰렸습니다. 앞으로 가상 캠퍼스에서는 다양한 행사가 진행될 예정입니다.

▲ 메타버스 캠퍼스 중앙대학교 서울캠퍼스[12]

CHAPTER 03 · 제페토 활용하기

---

12) 출처 : 제페토 '중앙대학교 서울캠퍼스' 맵

# 제페토 크리에이터 소개

'제페토 크리에이터'라는 신조어를 들어본 적 있나요? 제페토 크리에이터에는 아이템 크리에이터와 월드 크리에이터가 있습니다.

## • 아이템 크리에이터

아이템 크리에이터는 가상 세계 속에서 아바타가 입는 옷이나 신발, 헤어스타일 등의 아이템을 디자인하여 판매하는 사람을 말합니다.

아이템 크리에이터 1세대로 불리는 '렌지'[13]는 월수입 1,500만 원을 달성하기도 했습니다. 제페토는 해외에서 접속하는 회원이 전체의 90퍼센트를 차지합니다. 따라서 제페토 안에서 유명해지면 세계적으로 인지도를 쌓게 된다는 의미입니다. 렌지 씨는 인어, 날개, 거북이 등 독특한 의상을 만들면서 글로벌 스타가 되었습니다. 현재는 10개월 만에 아바타 옷 100만 개를 만든 디자이너로 세계적 유명세를 떨치고 있습니다. 아이템 제작에 걸리는 시간은 간단한 옷을 만들면 2~4시간 정도지만 조금 복잡한 디자인의 옷을 만들면 하루에 4~6시간씩 작업해서 2~3일 정도까지 걸린다고 하며, 현재 아이템을 개당 300원~350원 정도에 판매하고 있다고 합니다.

## • 월드 크리에이터

월드 크리에이터는 제페토 내에서 빌드잇이라는 프로그램으로 제작하는 사람을 말합니다.

최근 제페토를 이용한 행사, 마케팅이 활발히 진행되면서 퀄리티 높은 월드 제작에 대한 수요가 늘어나고 있습니다. 인터넷 사이트를 검색해보면 제페토 월드의 맵을 설

---

13) 공식 유튜브 채널 : https://bit.ly/33biB6A

CHAPTER 03. **제페토 활용하기**

계해주는 대행업체가 많이 있는 것을 알 수 있습니다. 대표적인 프리랜서 마켓인 크몽에서 '제페토'를 검색해보면 고가에 월드 제작을 대행해주는 업체들이 많습니다. 이들은 고객들이 원하는 대로 월드 내 건물 실내 공간, 외관, 조경 등을 구현해주는 일을 합니다.

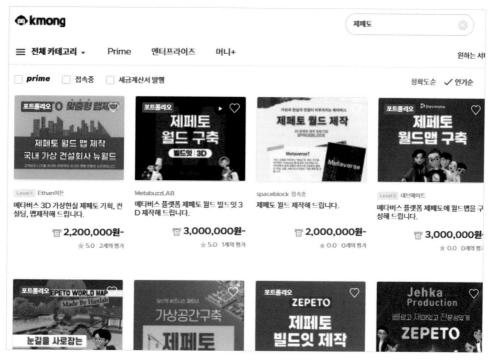

▲ 크몽 사이트 내 제페토 월드 크리에이터 [14]

제페토 사용자가 직접 콘텐츠를 생산하여 경제활동을 하는 제페토 크리에이터 중 유명한 크리에이터를 '제페터'라고도 하는데 이들은 꾸준히 늘어날 전망입니다. 최근에는 제페토 크리에이터를 교육하는 전문 기관과 자격증도 하나둘씩 생겨나고 있습니다.

---

14) 출처 : 크몽(https://kmong.com)

# 제페토 사용해 보기

## 설치 후 가입하기

### <u>01</u> 설치하기

제페토는 모바일, 태블릿PC 환경에 최적화되어 있습니다. 제페토 앱을 설치하는 방법을 알아보겠습니다.

① 구글 플레이스토어나 앱스토어에서 '제페토'나 'ZEPETO'로 검색하여 앱을 설치하고, 설치/실행합니다.

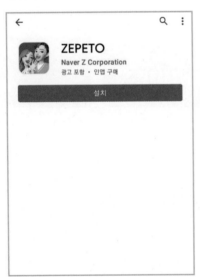

② 원하는 캐릭터를 선택하고 [다음] 버튼을 누릅니다. 이미 계정이 있다면 화면 하단의 [로그인] 버튼을 누릅니다.

> 💡Tip  제페토 같은 안드로이드 앱은 PC에서도 제한적으로 이용할 수 있습니다. 예를 들어, PC에 '녹스 앱플레이어' 프로그램을 설치하면 제페토 앱도 설치할 수 있지만, 사용 속도가 느려 추천하지는 않습니다.

## 02 제페토 가입하기

① 오른쪽 하단의 **[프로필]** 탭을 누른 후, 화면 중앙에 있는 **[제페토 가입하기]** 버튼을 누릅니다.

② 휴대폰 번호, 이메일, 페이스북, 카카오톡, 트위터, 네이버 라인 중 원하는 가입 방법을 선택합니다.

# 캐릭터 만들기

## 01 캐릭터 선택하기

캐릭터의 이름, 생년월일을 입력한 후 **[다음]** 버튼을 누르면 캐릭터를 선택하는 창이 나옵니다. 캐릭터를 선택하는 방법에는 4가지가 있습니다.

**[1번 방법]** 제페토에서 제공하는 캐릭터를 선택하는 방법

**[2번 방법]** 사진을 찍어 캐릭터를 만드는 방법

**[3번 방법]** 앨범 사진으로 캐릭터를 만드는 방법

**[4번 방법]** 캐릭터를 구매하여 추가하는 방법

- **[1번 방법]**인 제페토에서 제공하는 캐릭터를 선택하는 방법은 이미 앞에서 앱 설치 후 캐릭터를 선택해보았습니다.
- **[2번 방법]**인 사진을 찍어 캐릭터를 만드는 방법과 **[3번 방법]**인 앨범 사진으로 캐릭터를 만드는 방법을 알아보겠습니다.

① 오른쪽 하단의 **[프로필]** 탭을 누릅니다.

② **[캐릭터 추가]** 버튼을 누른 후, 왼쪽 하단의 **[관리]** 버튼을 누릅니다.

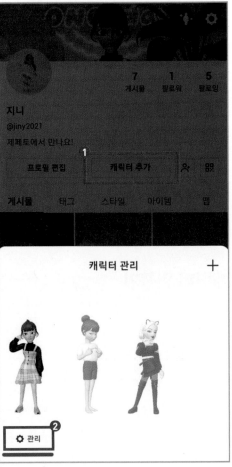

③ **[초기화]**를 선택합니다.　　　　④ 원하는 성별을 선택합니다.

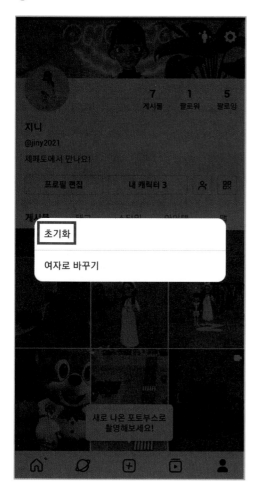 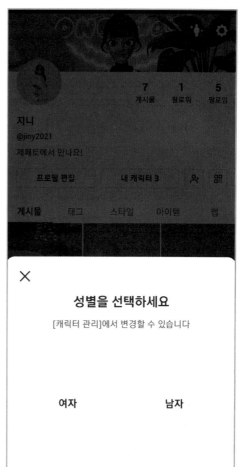

🔅Tip　실제 성별에 맞게 설정하지 않아도 됩니다. 성별은 나중에 변경 가능합니다.

⑤ **[셀카로 만들기]** 버튼을 눌러 스마트폰으로 셀카를 촬영합니다. **[3번 방법]**인 앨범 사진으로 캐릭터를 만들고 싶다면 **[사진으로 만들기]** 버튼을 클릭합니다.

⑥ 촬영한 사진의 얼굴 모습이 반영된 캐릭터를 확인한 후 **[완료하기]** 버튼을 누릅니다. 캐릭터가 마음에 들지 않아 사진을 다시 촬영하여 캐릭터를 수정하고 싶다면 **[다시 찍기]** 버튼을 누릅니다.

⑦ 캐릭터의 체형을 선택한 후 **[저장]** 버튼을 누릅니다.

⑧ 아이템을 이용해 캐릭터를 원하는 모습으로 꾸밉니다. 아이템 구매한 후 **[저장]** 버튼을 누릅니다.

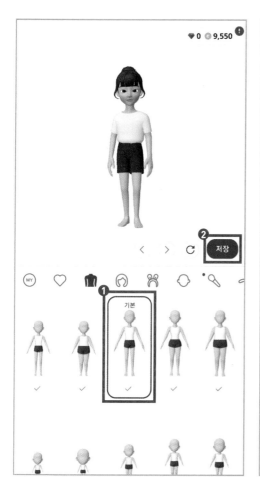

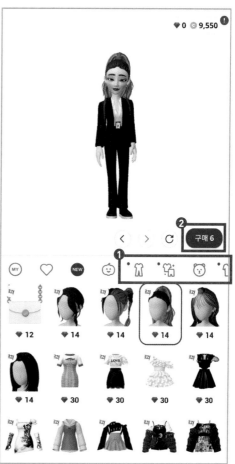

• **[4번 방법]**인 캐릭터를 구매하여 추가하는 방법을 알아보겠습니다.

① 프로필 탭을 누른 후 캐릭터 관련 버튼을 누른 후 캐릭터 관리에서 십자(+) 모양을 누릅니다.

② 하단의 Slot 메뉴에서 캐릭터를 추가하기 위해 십자(+) 버튼을 누릅니다. 결제 창이 뜨면 **[원클릭 구매]** 버튼을 누르고 관련 정보를 입력하여 결제를 완료합니다.

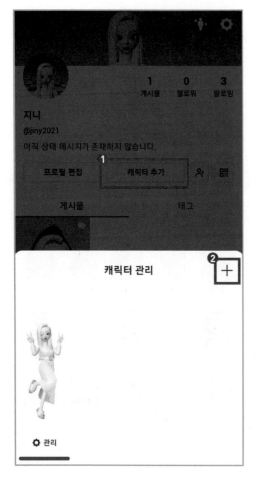

③ 새로 구매한 캐릭터의 성별을 선택합니다.

④ 선택할 수 있는 캐릭터의 종류가 다양해진 것을 알 수 있습니다.

## 02 캐릭터 꾸미기

### ① 얼굴 커스터마이징

제페토에서는 누구나 메이크업 아티스트가 될 수 있습니다. 얼굴 커스터마이징 카테고리는 체형, 헤어스타일 헤어 액세서리, 얼굴형, 메이크업, 눈썹, 눈 모양, 눈 화장, 코, 입술 모양, 립스틱, 수염, 패션안경으로 이루어져 있습니다. 그럼 캐릭터 얼굴을 내가 원하는 모습으로 만드는 방법을 알아보겠습니다.

### • 얼굴형 수정하기

① 홈 화면에서 오른쪽 중앙의 **[캐릭터]** 버튼을 누릅니다.

② 오른쪽 상단의 사람 모양을 누릅니다.

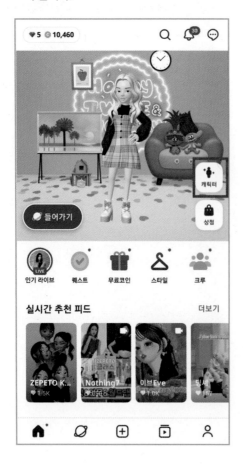

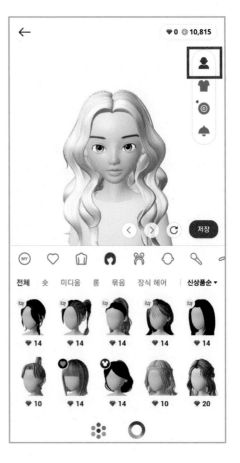

③ 얼굴 모양의 아이콘을 누르고 얼굴형을 선택한 후, 세부적인 수정을 위해 커스텀 아이콘을 누릅니다.

④ 먼저 얼굴 앞모습을 수정해 보겠습니다. 수정을 원하는 부분에 있는 하얀색 원을 선택하면 가로와 세로 조절 바가 생깁니다. 세로 조절 바는 길이를, 가로 조절 바는 너비를 조절할 때 이용합니다.

⑤ 앞모습 수정이 끝났으면 [옆 모습] 탭을 선택하여 옆 모습도 같은 방법으로 수정해 줍니다. 수정이 끝나면 오른쪽 상단의 [확인] 버튼을 눌러줍니다.

⑥ 젬을 지불하면 구매 기간 동안 헤어, 피부, 눈썹 등 모든 얼굴 파트의 컬러를 가로 조절 바를 이용해 자유롭게 바꿀 수 있습니다.

## • 피부색 수정하기

① **[얼굴]** 탭을 누른 후, 아래쪽에 있는 팔레트 모양의 아이콘을 누릅니다.

② 원하는 얼굴 톤을 선택하고 오른쪽 하단의 **[확인]** 버튼을 누릅니다.

## • 헤어스타일

① 헤어스타일 아이콘을 눌러 원하는 스타일의 머리를 고를 수 있습니다.

 헤어스타일 대부분은 젬이나 코인을 이용해 아이템을 구매해야 선택할 수 있습니다. 구매가 어려운 경우 무료 헤어스타일을 선택하고 색상 필터를 이용해 색을 조절해주면 유료 아이템 못지않은 스타일을 연출할 수 있습니다.

▲ 무료 헤어스타일 선택

▲ 색상 필터를 이용해 머리카락 색을 수정

• **의상 꾸미기**

의상 꾸미기 카테고리는 한 벌 의상, 행사 의상, 인형 탈, 상의, 겉옷, 하의, 치마, 양말, 신발, 귀금속 등으로 이루어져 있습니다.

① 오른쪽 상단의 옷 모양 아이콘을 누릅니다. 원하는 옷, 양말, 신발 등을 착용해 보고 선택을 마치면 **[저장]** 버튼을 누릅니다.

② **[구매]** 버튼을 눌러 아이템 구입을 완료합니다.

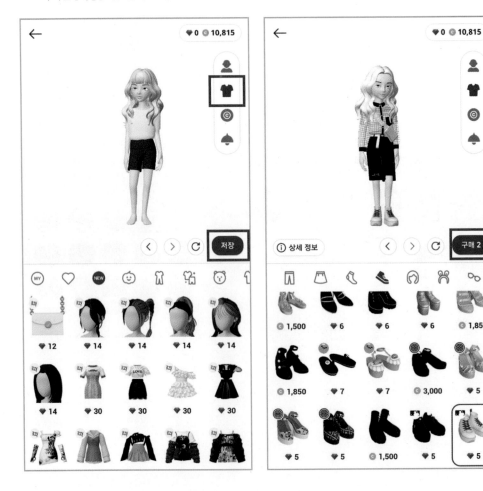

🔆**Tip** 오른쪽 상단의 4개 아이콘 중 3번째에 있는 ⓒ모양 아이콘을 누르면 아이템 크리에이터들이 제작하여 판매하는 의상 목록을 확인할 수 있습니다.

## ② 캐릭터 전용 룸 꾸미기

### ・룸 꾸미기

① 전등 아이콘을 눌러 룸 꾸미기 메뉴로 이동합니다. ⊕ 표시가 되어 있는 곳은 아이템을 구매하여 배치할 수 있습니다.

② 바닥의 ⊕ 버튼을 누르면 바닥을 꾸밀 수 있는 아이템들이 나옵니다. 아이템을 구매하거나 무료 아이템을 이용하여 선택합니다. 방 안의 다른 공간들도 같은 방법으로 꾸민 후, **[저장]** 버튼을 누릅니다.

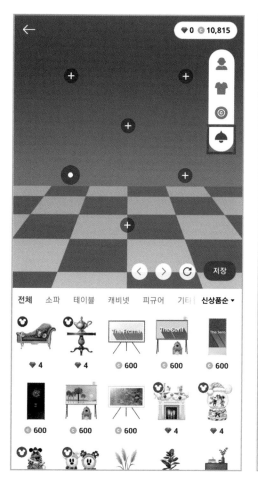

# 메뉴 둘러보기

지금까지 제페토에 가입하고 내 캐릭터를 꾸며봤습니다. 이제부터는 메뉴를 살펴보겠습니다.

## • 오른쪽 상단에 위치한 메뉴 둘러보기

①  홈 화면의 오른쪽 상단에 돋보기, 종, 말풍선 모양의 아이콘이 있습니다.

②  돋보기 모양 아이콘을 누르면 검색 기능을 이용할 수 있습니다. 계정, 태그, 월드, 아이템을 검색할 수 있습니다.

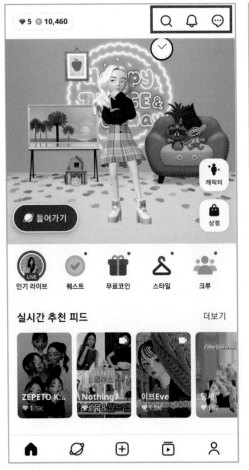

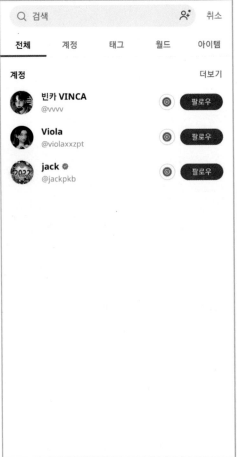

③ 종 모양 아이콘을 누르면 알림과 선물함을 확인할 수 있습니다. 팔로우로 연결된 친구들이 게시물을 올리거나 선물을 보내면 정보가 표시됩니다. 또한, 나를 팔로워하기 시작한 사용자들의 목록도 표시됩니다.

④ 말풍선 모양의 아이콘을 클릭하면 원하는 상대를 검색해서 1:1 대화가 가능합니다.

## • 오른쪽 중앙의 메뉴 둘러보기

① 홈 화면의 오른쪽 중앙에는 캐릭터, 상점 아이콘이 있습니다.

② 캐릭터 아이콘을 클릭하면 아이템을 이용하여 캐릭터를 꾸밀 수 있는 화면이 나옵니다. 또한, 상점 아이콘을 클릭하면 아이템을 구매하는 화면이 나옵니다.

## • 가운데의 메뉴 둘러보기

① 정중앙에 배치된 아이콘들은 다양한 기능이 있습니다. 그중 가장 많이 쓰이는 카메라 아이콘을 보려면 아이콘들을 옆으로 드래그해야 보입니다.

② 카메라 모양의 아이콘을 클릭하면 내 아바타를 주인공으로 사진이나 동영상 촬영을 할 수 있습니다.

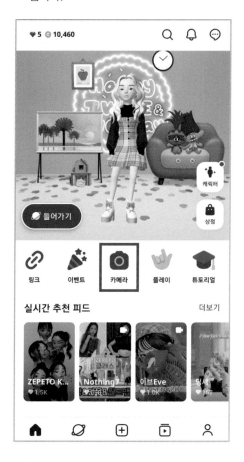

③ 액션 모드를 선택하면 내 아바타가 나의 표정을 그대로 따라 합니다. 동영상을 누르고 내가 목소리를 녹음하면 마치 내가 이야기하는 것처럼 보이게 할 수 있습니다.

④ AR 모드를 선택하면 내 아바타가 항공샷으로 보여집니다. 캐릭터를 추가하고 싶으면 왼쪽의 캐릭터 추가를 누르면 다른 캐릭터를 추가할 수 있습니다.

## 월드 이용하기

제페토 캐릭터를 꾸며 나만의 아바타가 완성되었다면 이제 제페토 월드로 출발해 볼까요? 아바타들이 서로 만나고 활동하는 제페토 내 가상 세계를 '월드'라고 합니다. 아바타를 이동시켜 원하는 장소로 이동하여 다른 아바타들과 만나고 문자와 음성으로 대화를 할 수도 있습니다.

## 01 월드에 들어가기

제페토 안에는 우리가 즐길 수 있는 다양한 공간들이 마련되어 있습니다. 공식 맵과 크리에이터들이 만들어 게시한 맵으로 된 월드가 있습니다. 인기 공식 맵으로는 한강공원, 롯데월드, 블핑하우스, 가든웨딩 등이 있습니다. 요즘 가장 인기 있는 맵인 한강공원에 들어가 보겠습니다.

### • 한강공원 입장하기

① 화면 아래쪽 [월드] 탭을 누릅니다.

② 검색 창에 '한강공원'을 입력하고 해당 월드에 입장합니다.

③ 화면 아래쪽의 **[플레이]** 버튼을 누릅니다.

④ 한강공원에 입장하면 맵을 좀 더 즐겁게 즐길 수 있는 방법을 알려줄 때가 있습니다. 아래 그림에 나온 3가지 미션을 해결해 보겠습니다.

※ 등장하는 미션의 종류는 자주 변경됩니다.

## • 기본 조작 방법

① 왼쪽 하단의 하얀색 원을 가
   고 싶은 방향으로 움직이면
   아바타가 걸어서 움직입니
   다. 만약 하얀색 원을 테두
   리 바깥쪽으로 끌어당기면
   아바타가 빠르게 달리기 시
   작합니다.

② 길을 가다가 보이는 손바닥
   모양의 상호작용 아이콘을
   누르면 의자에 앉기, 해먹에
   눕기, 편의점 물건 집기 등
   을 할 수 있습니다. 아래의
   마이크 모양 아이콘을 누르
   면 음성 대화가 가능하고 메
   시지 입력창을 통해 방 안에
   있는 사람과 채팅을 할 수도
   있습니다.

## 02 미션 해결하기

### • 캠핑장에서 치킨 먹고 사진 찍기

① 아바타를 움직여 캠핑장에 도착
했습니다. 손바닥 모양의 아이콘
을 클릭하자 아바타가 치킨을 먹
기 시작합니다.

② 치킨을 다 먹은 후, 사진을 찍기
위해 하단의 카메라를 클릭하였
습니다. 그런 다음 왼쪽 상단의
셀피 모드를 눌러 멋진 셀카를 촬
영하였습니다.

### • 편의점 옆 선착장에서 도넛 보트 타기

① 먼저 편의점의 위치를 찾고, 선착장에서 보트가 오기를 기다렸다가 탔습니다. 의자에 있는 손바닥 모양 아이콘을 클릭하자 아바타가 자리에 앉아 강바람을 맞으며 배를 타고 즐거운 시간을 보냈습니다.

### • CU 삼각 김밥 찾아 먹어보기

① CU 삼각 김밥을 찾기 위해 편의점으로 달려갔습니다. 편의점 안의 김밥 코너에서 손바닥 모양 아이콘을 클릭하자 아바타가 삼각 김밥을 잡았습니다.

## • 월드에서 나오기

① 오른쪽 상단의 문 모양 아이콘을 누릅니다.

② **[방 나가기]** 버튼을 누르면 메인 화면으로 돌아갈 수 있습니다.

## 포토부스에서 사진 찍기

① 홈 화면 하단의 **[만들기]** 아이콘을 누르면 나타
나는 카테고리에서 **[Photo]**를 선택합니다. 원
하는 사진을 선택하면 내 아바타가 사진에 나
온 캐릭터와 같은 포즈를 취하며 사진을 찍을
수 있습니다.

💡**Tip** 템플릿, 비디오 등의 메뉴를 이용해서도 포토부스와 같은 방식으로 사진 찍기나 영상 제작이 가능
합니다.

② **[Video]** 카테고리를 선택하면 아바타를 이용해 동영상을 찍을 수 있습니다. 동영상 섬네일에는 비디오카메라 아이콘이 표시되어 있습니다. 원하는 동영상을 선택하면 섬네일의 콘셉트로 동영상을 찍을 수 있습니다. 메뉴에서 사진 배율 조정, 톤 조정, 스티커 붙이기, 텍스트 입력 작업을 할 수 있습니다.

Tip 나의 다른 캐릭터나 친구들 캐릭터도 같은 컨셉으로 사진을 찍을 수 있습니다. 멤버를 해제하려면 '❶' 버튼을 눌러야 합니다. 해제된 상태에서 원하는 멤버 옆에 있는 원을 눌러야 사진 속 주인공을 바꿀 수 있습니다.

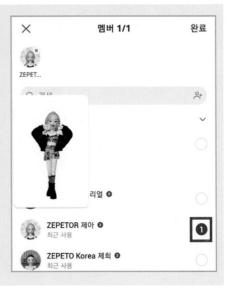

# 게임하기

① 화면 하단의 **[월드]** 탭을 누르면 'Let's Play!' 항목에 다양한 게임들이 나옵니다. 이 외에도 게임 요소를 포함한 여러 맵이 있으니 즐겨보기를 바랍니다.

# 젬과 코인 무료로 모으는 방법

제페토에는 '젬'과 '코인'이라는 것이 있습니다. 젬은 현금과 같은 가치가 있어 제페토 월드에서는 코인보다 가치가 더 높습니다. 하지만 제페토를 재미있게 즐기기 위해서는 코인도 꼭 필요합니다. 젬과 코인은 현금을 사용해 충전하거나 미션 수행 등을 통해 무료로 얻을 수 있습니다. 젬과 코인을 모으는 방법을 알아보겠습니다.

## 01 젬을 무료로 모으는 방법

### ① 럭키 미션 수행하기

① 홈 화면에서 [퀘스트] 아이콘을 누릅니다.

② 화면 상단의 [럭키] 탭을 누르고 [젬 획득 찬스!] 메뉴를 누른 후 원하는 미션을 선택합니다.

## ② 맵에서 젬을 주는 미션을 수행하기

①  튜토리얼 월드인 헬로월드를 예로 들어보겠습니다. **[퀘스트]** 탭에서 화면 하단의 '제페토 월드 룸에 입장해봐'의 바로가기를 선택한 후 플레이를 누릅니다.

②  헬로월드 미션 해결 방법을 읽어본 후, 'Z' 코드가 표시된 NPC에 다가가 손 모양의 아이콘을 누릅니다.

③ 수행할 미션을 확인한 후, 미션을 수행하면 아래와 같이 수행 상황이 나옵니다. 미션을 끝까지 완수하면 보상을 얻게 됩니다.

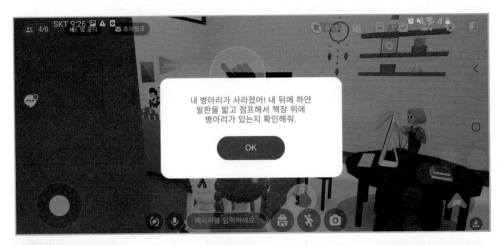

## 02 코인을 무료로 모으는 방법

• 퀘스트 탭에서 얻는 방법

[퀘스트] 탭을 눌러 코인을 받을 수 있는 항목을 확인합니다.

• 럭키 탭에서 얻는 방법

[럭키] 탭을 눌러 코인을 받을 수 있는 내용을 확인합니다.

# 웹툰 제작하기

제페토가 인기를 얻으면서 '제페토 웹툰 작가'라는 새로운 직업이 생겨났습니다. 웹툰은 인터넷에서 연재되는 만화를 뜻합니다. 웹툰을 그리려면 보통은 전문적인 일러스트 편집 프로그램을 이용해야 하지만 제페토에서는 손쉽게 캐릭터를 꾸며가며 나만의 웹툰을 만들 수 있습니다. 이렇게 만든 웹툰을 '제페토툰'이라고도 합니다.

그럼 제페토로 웹툰을 만드는 방법을 하나씩 알아보겠습니다.

① 홈 화면 중앙의 **[플레이]**를 누릅니다.

② 상단에서 **[툰]** 버튼을 누릅니다.

③ 웹툰을 만들기 위해 오른쪽 상단의 **[+]**를 누릅니다.

④ 포즈를 정했다면 아래의 배경 아이콘을 눌러 배경을 지정합니다.

⑤ 웹툰에 등장할 인물을 선택하고 장면에 들어갈 포즈를 정합니다.

⑥ 포즈를 정했으면 어울리는 배경 아이콘을 눌러 배경을 지정합니다. 참고로 스티커를 이용해 장면을 꾸밀 수도 있습니다.

⑦ 장면에 들어갈 말풍선 스타일을 정해 문구를 적고 상단 오른쪽의 ⓥ 아이콘을 클릭한 후 다음 화면에서 **[공개하기]** 버튼을 누릅니다.

**⑧** 한 컷이 완성되었습니다. 스티커를 이용하여 장면을 분할한 다양한 연출도 가능합니다.

⑨ 이와 같은 방법으로 6컷 만화를 완성합니다.

⑩ [툰] 탭에 들어가 컷을 이야기의 순서대로 클릭하여 번호를 지정한 후 [다음] 버튼을 누릅니다.

1번 툰이 커버로 사용됩니다.

⑪ 웹툰 제목을 입력하고 **[공개하기]** 버튼을 눌러
제페토 앱 내에 게시합니다.

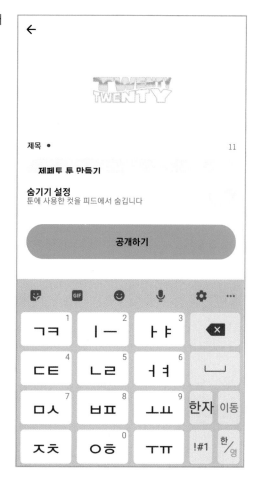

# 맵 만들기 with 빌드잇

## 맵 에디터 '빌드잇'

제페토에서는 가상 세계인 월드를 제작할 수 있는 빌드잇 서비스를 제공하고 있습니다. 맵은 월드 안에 지형, 길, 건물, 오브젝트 등이 어떻게 놓여있는지를 지칭하는 용어입니다. 이렇게 만든 맵을 제페토 내에 공개하면 내가 만든 월드를 다양한 사람들과 함께 이용할 수 있습니다. 그럼 맵 만드는 방법을 하나씩 알아보겠습니다.

## 빌드잇 설치하기

제페토 맵을 만들기 위해서는 빌드잇이라는 프로그램을 설치해야 합니다. 빌드잇을 설치하고 로그인해서 테스트해보는 방법을 알아보겠습니다.

### 01 제페토 빌드잇 설치하기

① 빌드잇을 다운받기 위해 네이버 검색창에 '제페토 스튜디오'라고 입력한 후, '빌드잇' 링크를 누릅니다.

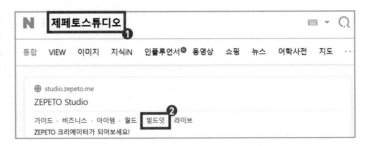

② Windows(윈도우) 버전과 Mac(맥) 버전 중 본인이 사용하는 컴퓨터의 운영체제에 맞는 빌드잇 프로그램을 다운로드합니다.

💡 **Tip** 대부분 PC에서는 설치할 수 있으나 아주 오래되었거나 사양이 매우 낮은 PC라면 사용이 어려울 수 있습니다. 사용이 어려울 것 같다면 위의 웹 페이지에서 **["check it!" - 권장사양]** 링크를 클릭하여 권장사양을 확인하고 사용 중인 PC와 비교해 보세요.

③ 다운로드가 완료되었다면 설치 파일을 클릭하고 **[실행]** 버튼을 눌러 빌드잇 프로그램을 설치합니다.

## 02 빌드잇 로그인하기

프로그램 설치 후 빌드잇 프로그램을 실행하면 다음과 같은 메인 화면이 나옵니다. 로그인 방법에는 계정 정보를 입력해서 로그인하는 방법과 QR코드를 스캔해서 로그인하는 방법이 있습니다. QR코드로 로그인해보겠습니다.

① **[QR 로그인]** 탭을 클릭합니다.

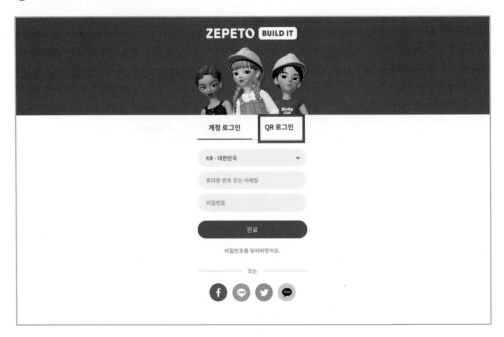

② 아래와 같이 컴퓨터 모니터에 QR코드가 나옵니다.

③ 스마트폰으로 제페토 앱에 접속하여 **[프로필]** 탭으로 이동합니다. 화면의 오른쪽의 QR코드 모양 아이콘을 클릭하여 PC 모니터에 나온 QR 코드를 스캔하고 로그인 버튼을 누르면 빌드잇에 로그인할 수 있습니다.

## 03 빌드잇 사용법 익히기

### ① 기본 사용법

#### • 맵 선택하기

빌드잇에 로그인하면 왼쪽 상단에 나의 캐릭터가 보이고 그 아래 새로 만들기 부분이 활성화되어 있습니다. 지도를 만들려면 오른쪽에 있는 맵 중에 한 가지를 골라야 합니다. 제일 첫 번째에 있는 Plain은 아무것도 없는 빈 땅으로 제공되는 맵이고, 나머지 Town, House, Cafe, School, City, Wedding은 제페토에서 기본적으로 제공하는 맵입니다.

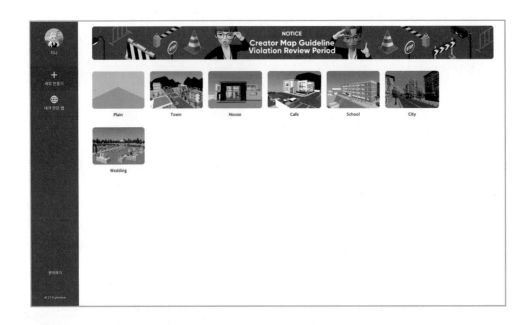

아무것도 없는 Plain에 내가 생각하는 맵을 자유롭게 만드는 방법을 알아보겠습니다.

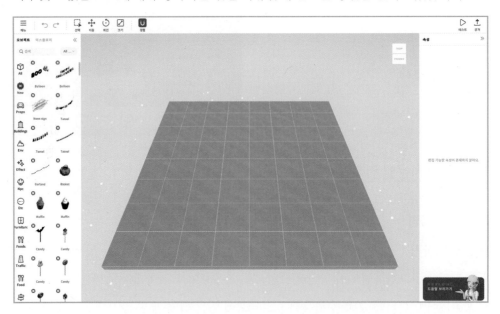

## • 화면 크기 조절하기

① 맵을 만들다 보면 멀리서 봐야 할 때도 있고 가까이에서 봐야 할 때도 있습니다. 이럴 땐 마우스 휠을 이용하여 화면의 크기를 조절할 수 있습니다. 지도가 있는 창을 클릭하고 마우스 휠을 모니터 쪽으로 굴리면 화면이 확대되고 반대로 굴리면 화면이 축소됩니다.

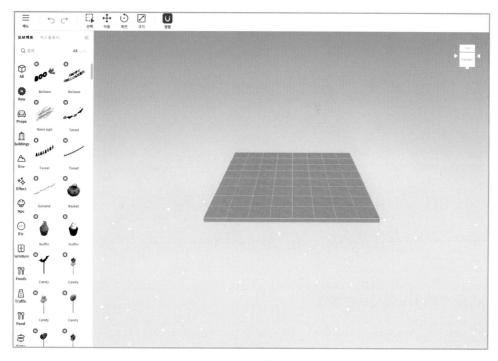

▲ 맵을 축소한 모습

## • 화면 이동하기

① 화면을 이동하려면 [Space Bar]를 누른 상태에서 마우스 왼쪽 버튼을 클릭하여 맵을 드래그합니다. 이때 화면 위에 손바닥 모양 아이콘이 나타납니다. 마우스 휠을 누른 상태에서 드래그해도 화면 이동이 가능합니다. 이때도 화면 위에 손바닥 모양 아이콘이 나타납니다.

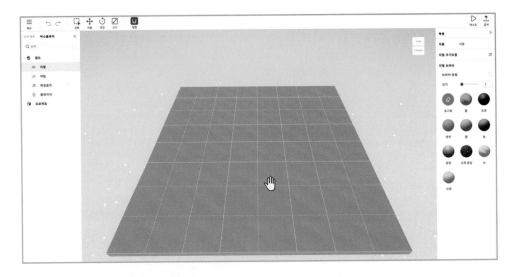

## • 맵을 여러 각도에서 보는 방법

① 화면 오른쪽 상단의 정육면체 모양을 클릭하여 각도를 조절해주면 여러 방향에서 지도를 볼 수 있습니다.

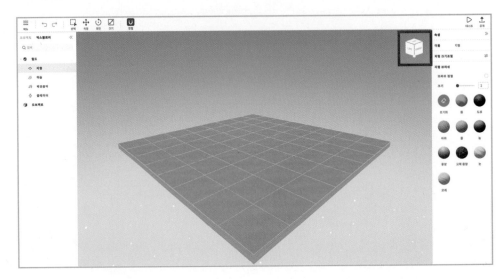

## • 옵션 설정하기

① 화면 왼쪽 상단 메뉴에서 **[설정]**을 선택하면 언어, 효과음을 선택할 수 있습니다. 또한 단축키도 확인할 수 있습니다.

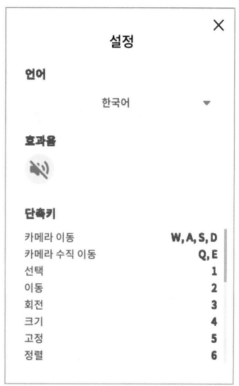

## ② 익스플로러 : 월드 메뉴 사용법

### • 지형 크기 조절하기

①  화면 왼쪽 상단의 **[익스플로러]** 탭 중 **[월드]**에서 지형 크기 조절이 가능합니다. **[지형]** 메뉴를 누르면
    화면 오른쪽에 하위 메뉴가 나옵니다. 3번째 **[지형 크기조절]**을 선택하고 '+' 또는 '-'버튼을 눌러 지형
    크기를 조절합니다. 편집이 완료되면 화면 하단의 **[지형 편집 종료]** 버튼을 누릅니다.

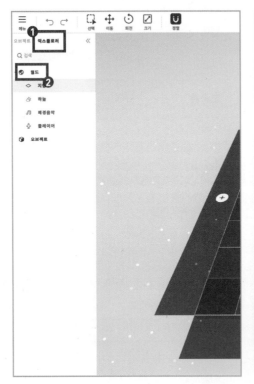 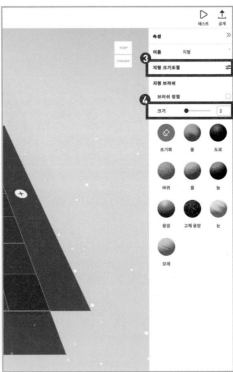

## • 지형 배치하기

① 화면 오른쪽의 풀, 도로, 바위, 늪, 용암, 눈 등에서 원하는 지형을 선택합니다. 마우스를 클릭한 상태로 브러쉬를 움직여서 지형을 배치합니다. 지형 종류가 있는 곳의 **[초기화]**를 선택하면 배치한 지형을 지울 수 있습니다. 넓은 공간에 지형을 배치하려면 **[크기]** 부분의 브러쉬 굵기 숫자를 크게 조절합니다.

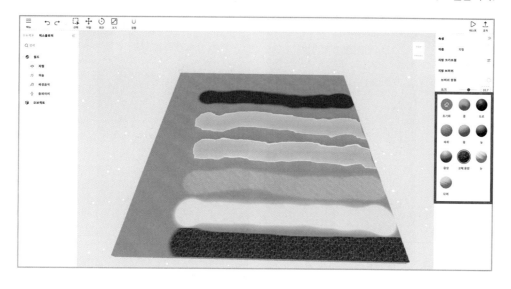

> 💡 **Tip** 브러쉬 메뉴의 브러쉬 정렬 체크박스를 선택하면 격자에 맞추어 지형을 반듯하게 그릴 수 있습니다.

## • 하늘 색상 조절하기

① 화면 오른쪽의 [하늘] 메뉴를 누르면 화면 오른쪽에 하늘 색상 조절 바가 나타납니다. 조절 바를 이용하여 아침, 점심, 저녁, 밤하늘을 나타낼 수 있습니다.

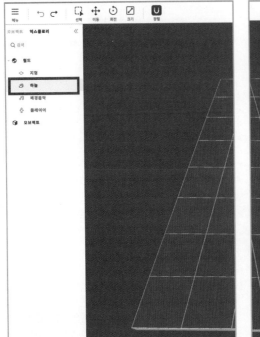 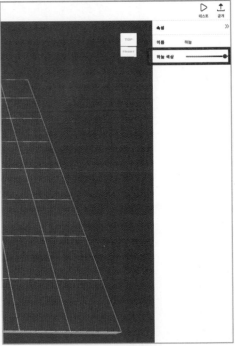

## • 배경음악 설정하기

① **[배경음악]** 메뉴를 을 누르면 화면 오른쪽에 하위 메뉴가 나타납니다. 세 번째 **[음악]**을 선택하여 배경
음악을 설정할 수 있습니다. 음악을 선택하면 미리 들어보는 것도 가능합니다.

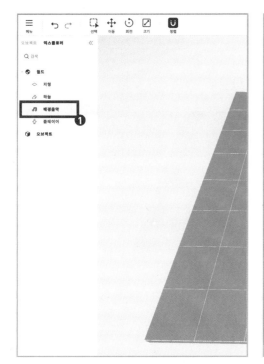
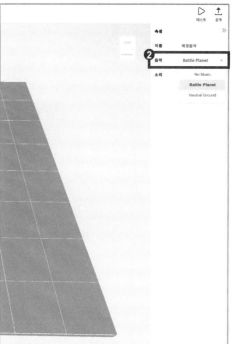

## • 플레이어 속도와 점프 설정

① 화면 왼쪽의 플레이어 메뉴를 누르면 화면 오른쪽에 속도와 점프 조절 바가 나타납니다. 조절 바를 이용하여 아바타의 달리기 속도와 점프력을 조절할 수 있습니다. 수치는 1~5까지의 범위에서 조절할 수 있습니다.

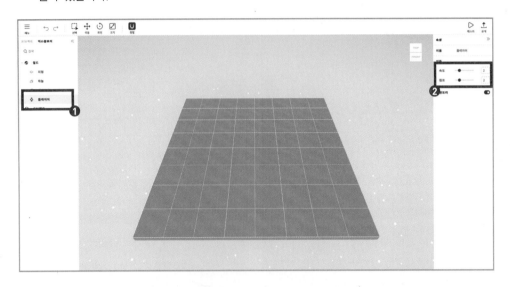

## • 오브젝트 메뉴

① 화면 왼쪽의 [오브젝트] 메뉴를 누르면 맵에 배치된 오브젝트 목록을 확인할 수 있습니다.

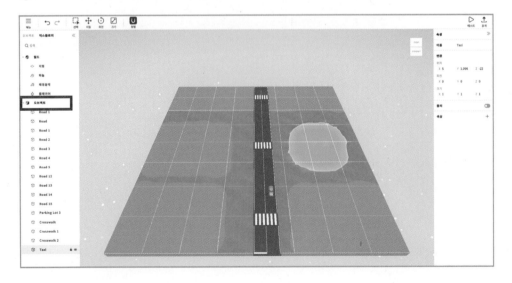

### ③ 오브젝트 메뉴 사용법

#### • 오브젝트 배치하기

① 화면 왼쪽 상단의 **[오브젝트]** 탭을 선택하면 주제별 오브젝트 목록이 나타납니다. 간단한 오브젝트를 설치해보겠습니다.

**[Buildings]** 카테고리를 선택하고 **[House]** 오브젝트를 클릭한 뒤 맵의 적당한 위치를 클릭하면 오브젝트가 배치됩니다. 이때 선택한 'House'는 계속 활성화되어 있으므로 이것을 해제하려면 Esc 키를 누르고 지도 위의 아무 곳이나 마우스 왼쪽 버튼을 클릭합니다.

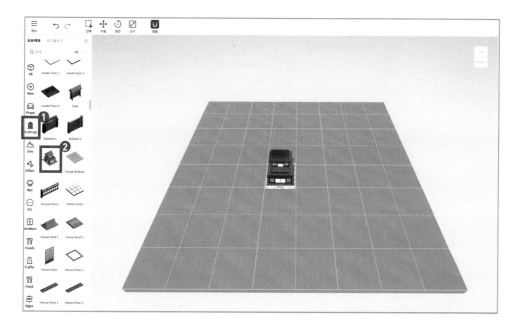

## • 오브젝트 삭제하기

① 삭제할 오브젝트를 정하고 마우스 오른쪽 버튼을 누릅니다. 이때 나오는 메뉴 중 **[삭제]**를 선택하거
나 키보드에서 [Delete] 키를 누릅니다.

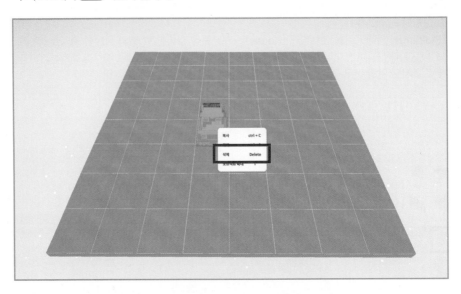

## • 오브젝트 이동하기

① 이동시킬 오브젝트를 클릭하고 화면 상단의 이동 메뉴를 누르면 연두색, 빨간색, 파란색 화살표와 원
뿔 모양이 생깁니다. 원뿔을 잡고 원하는 곳으로 이동하거나 3개의 선이 만나는 지점의 정육면체 모
양을 잡고 이동해도 됩니다.

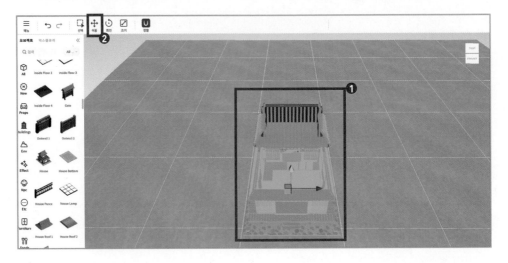

## • 오브젝트 회전하기

① 회전할 오브젝트를 클릭하고 화면 상단의 **[회전]** 메뉴를 누릅니다. 이때 오브젝트에 나타나는 둥근 선을 마우스로 드래그하여 원하는 방향으로 회전시킵니다.

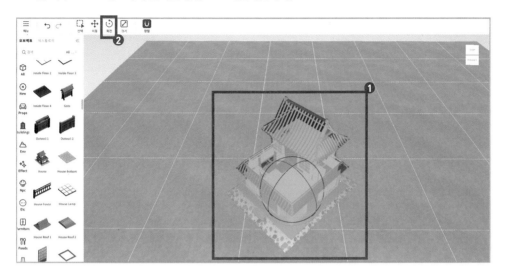

## • 오브젝트 크기 조절하기

① 크기를 조절할 오브젝트를 클릭하고 화면 상단의 **[크기]** 메뉴를 누릅니다. 이때 오브젝트에 나타나는 연두, 파랑, 빨강 선 끝에 있는 정육면체 모양을 클릭한 상태에서 드래그합니다. 비율이 흐트러지지 않게 하려면 선이 만나는 정육면체 모양을 클릭하여 드래그해주면 됩니다.

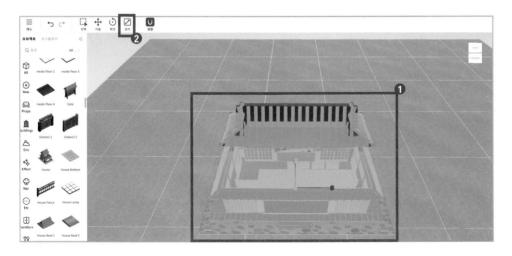

### • 오브젝트 정렬하기

① 오브젝트를 일정한 간격으로 배치하려면 화면 상단의 **[정렬]** 메뉴를 누릅니다. 정렬 메뉴가 선택되어 있으면 오브젝트를 일정한 간격으로만 배치할 수 있습니다.

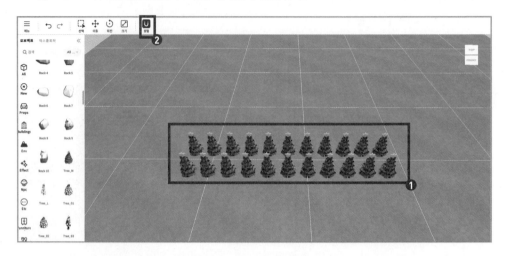

② 정렬 메뉴를 해지하면 맵 위의 격자가 사라지고 마우스의 움직임이 한결 자연스러워져서 자유롭게 오브젝트를 배치할 수 있습니다.

> 💡 **Tip** 같은 패턴으로 배치하고 싶으면 오브젝트들을 드래그하여 영역을 지정한 후 Ctrl + D 키를 누릅니다.

# 04 실전 프로젝트

## 제페토 한옥 리조트 만들기

지금까지 빌드잇 사용 방법을 알아보았습니다. 이번 장에서는 앞에서 배운 내용들을 활용해 제페토 한옥 리조트를 만들어 보겠습니다. 이 리조트는 기업, 기관, 동호회 등이 활용할 수 있는 온라인 모임 공간입니다. 리조트 안에서 강의, 회의를 하고 다양한 레크리에이션과 간단한 운동회도 할 수 있습니다.

**| 만들어 볼 맵의 완성 모습 |**

## • 맵 선택하기

① 빌드잇에 로그인하여 **[Plain]** 맵을 선택합니다.

## • 지형 만들기

① '익스플로러' 탭의 **[지형]**을 선택하여 번화가가 위치할 곳을 '바위' 지형으로 칠해줍니다. 이때 넓은 면적을 칠해야 하므로 브러쉬의 크기를 크게 만든 상태에서 칠합니다.

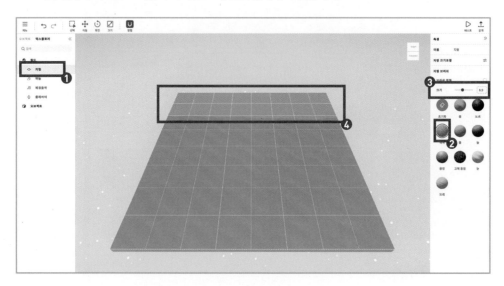

② 리조트 내의 플레이존과 강당, 세미나실, 숙박시설이 들어설 자리를 돌 지형으로 칠해줍니다.

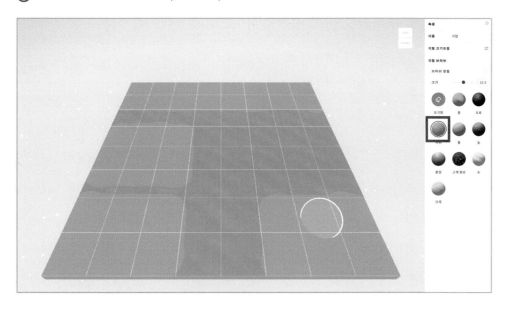

③ 호수공원이 만들어질 위치는 물 지형으로 칠해줍니다.

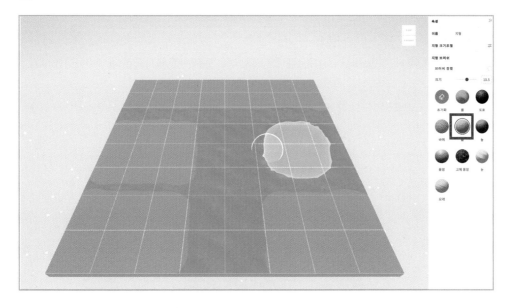

## • 도로 만들기

① **[오브젝트]** 탭에서 **[Traffic]** 카테고리를 선택하여 도로(Road)를 배치합니다. 다양한 도로 모양이 있으니 알맞은 것을 선택하면 됩니다. 위쪽 도로 끝은 'parking lot' 오브젝트로 마무리하였고 아래쪽 도로 끝부분은 'Road' 오브젝트를 선택하여 배치하였습니다.

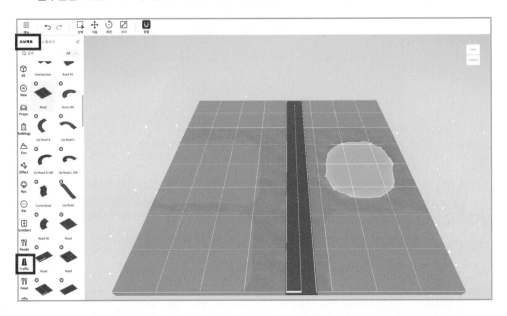

② 적당한 위치에 횡단보도(Crosswalk) 오브젝트를 배치하고, 도로 위에 택시도 한 대 배치하겠습니다.

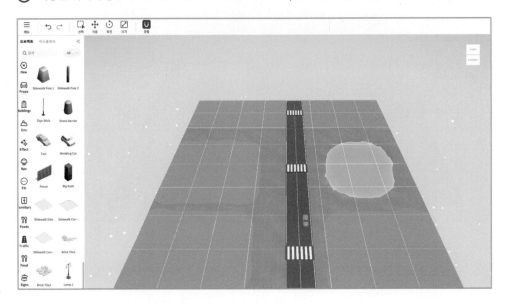

## • 플레이존 만들기

① **[익스플로러]** 탭의 **[지형]** 메뉴에서 모래를 선택해 3명이 달리기 시합을 할 수 있는 트랙을 만들어 보겠습니다.

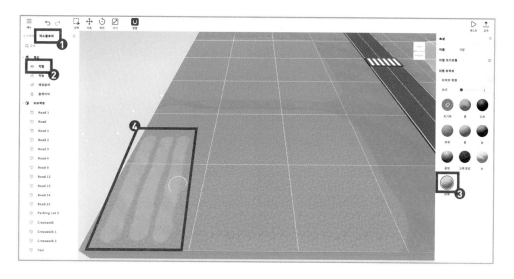

> Tip 맵의 크기를 가늠하기 어려울 때는 화면 왼쪽의 NPC 카테고리에서 오브젝트를 배치해봅니다. 지형과 오브젝트들의 상대적 크기를 가늠해 볼 수 있습니다.

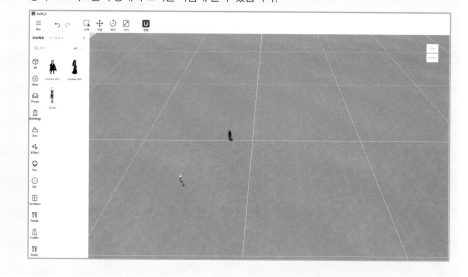

② 이번에는 O/X 퀴즈존을 만들어 보겠습니다. 먼저 풀 지형을 선택하여 O/X로 나뉠 공간 두 곳과 4지선다 번호 역할을 할 네 곳을 칠합니다.

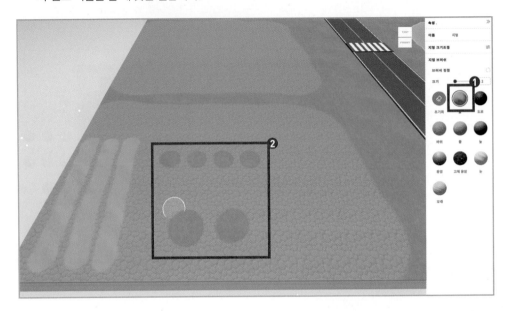

③ [오브젝트] 탭의 [Custom] 카테고리에서 캔버스(Billboard)를 이용하여 O/X와 1~4까지 번호를 기록할 오브젝트를 설치합니다.

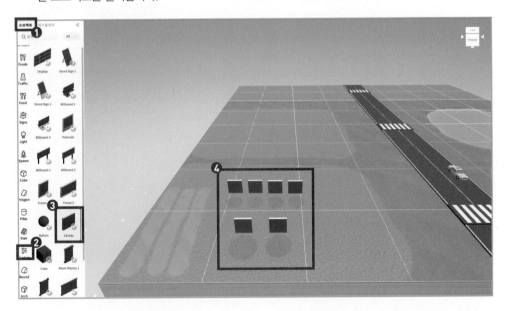

④ **[오브젝트]** 탭에서 **[Text]** 카테고리를 선택하면 알파벳과 숫자, 특수문자를 넣을 수 있습니다. 캔버스에 O/X와 번호를 표시해 보겠습니다.

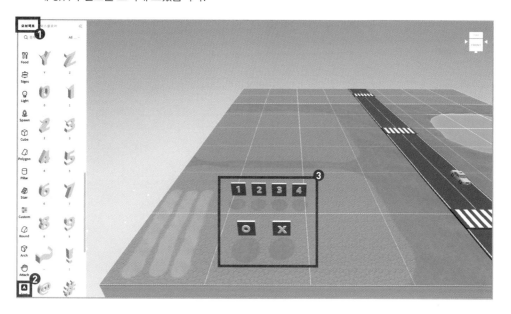

⑤ 이번에는 의자 뺏기 놀이 공간을 만들어 보겠습니다. **[오브젝트]** 검색창에서 'bench'를 검색해 서로 마주보고 앉을 수 있도록 의자를 배치합니다. 이때 화면 상단의 회전 기능을 이용해 의자의 방향을 바꾸어 주었습니다.

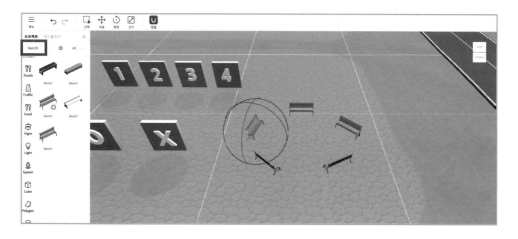

💡 **Tip**  오브젝트 중 캐릭터와 상호작용(캐릭터가 의자에 앉을 수 있음)이 가능한 오브젝트는 이미지에 톱니바퀴 모양이 표시되어 있습니다.

⑥ **[오브젝트]**의 **[Signs]** 카테고리에서 Display3을 선택하여 플레이존에 어떤 놀이 공간이 있는지 알려 주는 푯말을 만들어 보겠습니다.

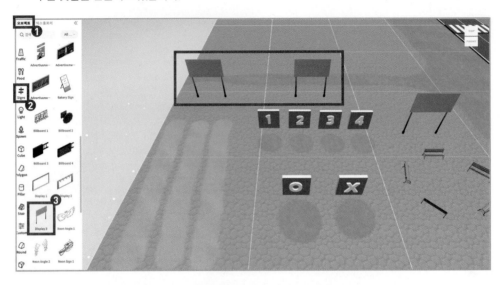

⑦ **[오브젝트]**의 **[Text]** 카테고리에서 Display에 각 코너명을 적고 참가자들이 쉴 수 있는 선베드도 2개 배치해 보겠습니다. 선베드 오브젝트는 **[props]** 카테고리에 있습니다.

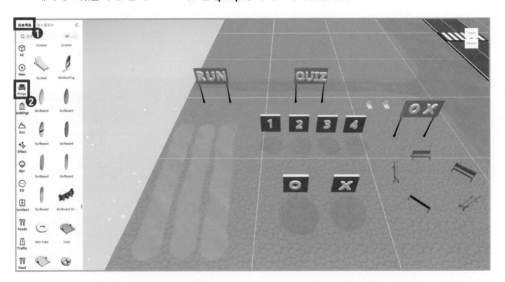

## • 강의장과 휴게실 만들기

① **[Buildings]** 카테고리에서 **[House]** 오브젝트 선택하여 강의장을 배치해 보겠습니다.

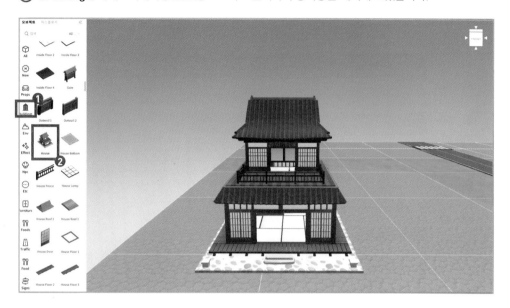

② 이번에는 **[Buildings]** 카테고리에서 **[Hanok Pavilion]**을 선택하여 휴게실을 배치하겠습니다. 화면 상단의 크기 항목을 선택하여 건물 크기를 조절할 수 있습니다.

## • 강의장 내에 가구 배치하기

① [Space Bar] 키를 누른 상태에서 마우스 왼쪽 버튼을 클릭하거나 휠을 누른 채로 건물이 화면의 정방향을 향하도록 만듭니다. 그다음 마우스 휠을 내부가 잘 보이도록 확대합니다. **[Props]** 카테고리에서 쿠션(Cushion)을 선택하여 방 안에 배치하였습니다.

② 강의장 2층 테라스 공간에도 **[Props]** 카테고리에서 테이블과 쿠션을 설치하였습니다. **[Food]** 카테고리에서 삶은 감자와 커피를 선택해 테이블 위에 배치하였습니다.

## • 휴게실 내에 가구 배치하기

① 휴게실 내에도 **[Props]** 카테고리에서 테이블과 쿠션을 선택하여 배치하였습니다. 'flower'를 검색하여 화분을 테이블 위에 배치했습니다.

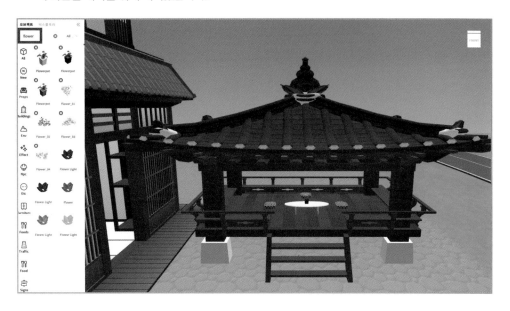

> **Tip** 아래 그림처럼 배치한 오브젝트가 허공에 뜨는 경우가 생기면 화면 상단의 '이동'을 눌러 노란색 원뿔 모양을 아래로 드래그해주면 됩니다.

· 숙소 만들기

① [Buildings] 카테고리에서 [Medieval House]를 선택하여 숙소를 배치합니다. 주차장을 만들어 자동차도 배치하였습니다.

· 호수공원 만들기

① [Env] 카테고리에서 [Cherryblossom]을 선택하여 호수 주변에 벚꽃나무를 심어 보겠습니다.

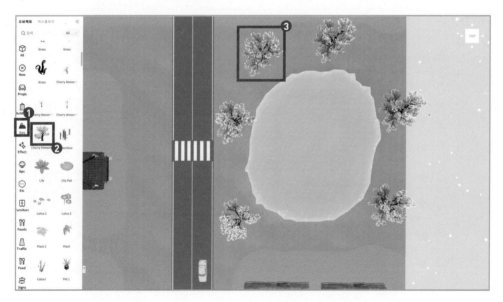

② **[props]** 카테고리에서 파라솔 오브젝트를 선택하여 적절한 위치에 배치합니다. 검색창에 'bench'를 입력하여 벤치도 설치하고 서로 마주볼 수 있도록 방향을 돌려줍니다.

## • 번화가 만들기

① **[Buildings]** 카테고리에서 아파트, 공중전화박스, 베이커리, 카페, 핫도그 카, 가방 가게 등의 건물을 배치합니다.

## • 스폰Spawn 지점 만들기

① 오브젝트의 [Spawn] 카테고리를 선택하고 원하는 디자인의 Spawn 오브젝트를 고른 뒤 배치합니다. 여기에서는 리조트의 가장 중심 장소인 강의장 앞에 스폰 지점을 3개 배치해 보았습니다.

🔆Tip  Spawn이란 캐릭터가 월드에 입장하면 처음 등장하는 곳을 말합니다.

# 맵 테스트하기

맵을 만든 후에는 잘못된 부분이 없는지 확인하고 공개하는 게 좋습니다. 지금부터 맵이 잘 만들어졌는지 테스트하는 방법을 알아보겠습니다.

① 오른쪽 상단의 **[테스트]** 버튼을 누릅니다.

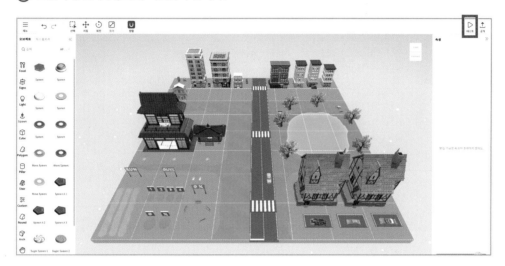

② 캐릭터가 Spawn 지점에 잘 나타나는지 확인합니다. 아바타를 조종하며 구역별로 맵이 제대로 만들어졌는지 확인해 봅니다.

**[아바타 움직이는 법 1]** 키보드의 방향키를 이용하여 움직일 수 있습니다

**[아바타 움직이는 법 2]** 키보드에서 W (앞으로 이동), S (뒤로 이동), A (왼쪽으로 이동), D (오른쪽으로 이동)를 눌러 움직일 수 있습니다. 아바타의 시선은 마우스로 조작합니다.

Esc 키를 누르면 맵 메이커 화면으로 돌아갈 수 있습니다.

③ 먼저 플레이존에 가서 오브젝트가 잘 배치되어 있는지, 공간 구성이 잘 되어있는지 확인해 봅니다.

④ 의자 뺏기 놀이를 할 때 사용할 벤치 오브젝트가 캐릭터와 상호작용을 잘 하는지 확인해 봅니다.

⑤ 강의장 내부로 들어가서 오브젝트가 의도한 대로 잘 배치되었는지 확인해 봅니다. 강의장 2층 공간에도 테이블과 쿠션이 제대로 배치되어 있는지 확인해 봅니다.

⑥ 휴게 공간과 숙소, 호수 공원도 돌아봅니다.

CHAPTER 03. **제페토 활용하기**

⑦ 지도를 다 확인하면 오른쪽 상단의 **[공개]** 버튼을 선택하고 **[확인]** 버튼을 눌러 맵을 저장합니다.

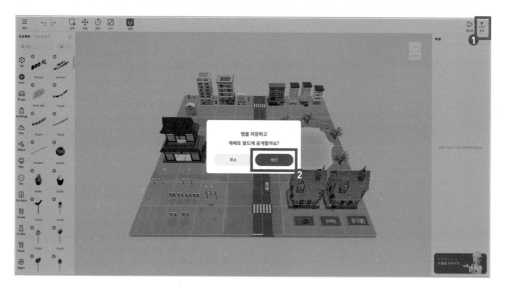

⑧ 맵 공개를 위해 중앙의 카메라 버튼을 눌러 섬네일과 스크린샷을 탑재합니다.

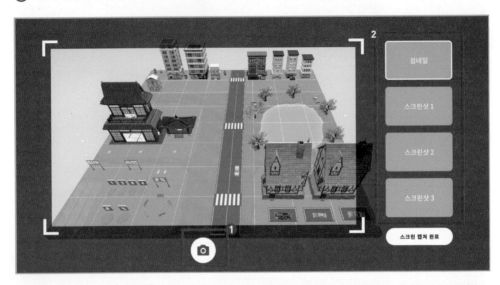

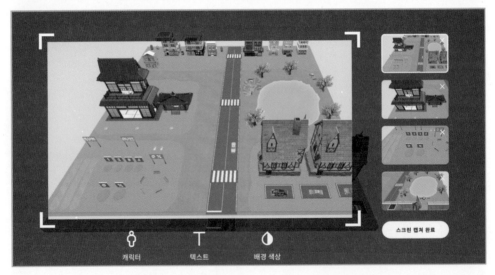

⑨ 맵 키워드를 설정하고 **[확인]** 버튼을 누릅니다.
키워드는 4개까지 지정할 수 있습니다.

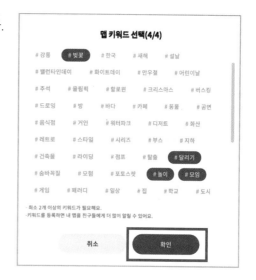

⑩ **[리뷰 신청하기]** 버튼을 누른 후 **[확인]** 버튼을
누릅니다.

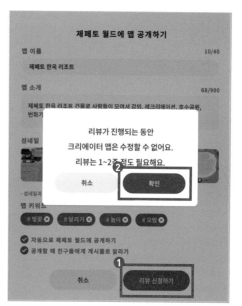

⑪ 빌드잇 메인 화면에서 월드 맵이 심사 중인 것을 확인할 수 있습니다. 심사를 통과하면 제페토에서 정식 월드로 사용할 수 있습니다.

# 제페토 한옥 리조트 활용 제안

제페토 한옥 리조트 맵은 크게 플레이존, 강의장과 휴게실, 숙소, 호수공원, 번화가로 구성되어 있습니다. 이 공간을 어떻게 활용하면 좋을지 제안해보겠습니다.

## 플레이존

플레이존은 친목을 다지기 위한 레크리에이션 공간입니다. 구성원들과 세 가지 게임을 즐길 수도 있습니다.

첫 번째는 달리기 시합입니다. 모래 지형으로 트랙을 3개 만들어 배치하였습니다. 3명씩 아바타 달리기 시합을 하며 친목을 다질 수 있습니다. 여기에서 응용하자면 맵을 만들때 트랙 중간 중간에 장애물을 설치하여 아바타가 장애물을 피하거나 점프하며 달리기 시합을 할 수도 있고, 트랙의 길이를 좀 더 길게 하거나 둥글게 하는 등 변화를 줄 수도 있을 것입니다.

◀ 플레이존의 모습

두 번째는 서바이벌 퀴즈입니다. 음성 채팅 기능을 이용해 어느 한 사람이 진행자 역할을 하고 참가자들은 진행자가 내는 OX 퀴즈 문제를 듣고 아바타를 정답에 해당하는 곳에 이동시켜 실제 퀴즈에 참여하듯이 즐길 수 있습니다. 또한 4지 선다형 퀴즈를 진행하거나, 마지막까지 살아남은 아바타가 승리하는 서바이벌 형식, 그리고 패자부활전도 할 수 있을 것입니다.

세 번째는 의자 뺏기 놀이입니다. 의자를 둥글게 배치하고 어느 한 사람이 음성 채팅으로 사회를 보며 진행할 수 있을 것입니다.

여기 배치된 오브젝트를 이용한 다양한 응용 놀이나 게임도 가능할 것입니다. 장애물이나 적절한 오브젝트를 배열하여 점프맵을 만들 수도 있을 것입니다.


## 강의장과 휴게실

리조트에서 모임을 갖는 이유는 어떤 주제의 강의를 듣거나 의견을 나누고 친목을 다지기 위함일 것입니다. 그래서 강의장과 휴게실을 만들어봤습니다. 강의장과 휴게실은 한옥 컨셉으로 구현하였습니다. 그래서 건물 내부도 좌식 공간으로 꾸며봤습니다.

강의장에 강사를 초빙하여 음성채팅으로 가상공간의 강의장에서 다함께 강의를 들을 수 있을 것입니다. 그리고 쉬는 시간에는 강의실 2층이나 휴게실로 이동하여 소모임에 참여할 수 있습니다.

◀ 1층 강의장의
모습

◀ 2층 강의장의
모습

◀ 휴게실 모습

## 숙소 건물

리조트 컨셉으로 맵을 구성했기 때문에 숙소 건물 오브젝트를 배치하였습니다. 주차 공간과 자동차도 만들어서 사람들이 좀 더 몰입감을 갖고 월드에 참여할 수 있게 했습니다.

◀ 숙소 건물 모습

## 호수 공원

리조트 내에 호수 공원을 구현하고 만개한 벚꽃 나무를 호수 둘레에 심었습니다. 또한 아바타들이 벤치에 앉아서 이야기할 수 있도록 상호작용이 가능한 벤치 오브젝트도 설

◀ 호수 공원 모습

치하였습니다. 공식 일정을 마친 후, 잠시 쉬어가는 공간으로 활용할 수 있을 것입니다.

## 번화가

아바타들이 삼삼오오 모일 일도 있을 것입니다. 그래서 번화가를 구현하여 아바타들이 큰 건물의 이정표를 보고 그곳에서 모일 수 있도록 하였습니다. 물론 강의장이나 호수 공원 등 잘 알려진 장소도 있겠지만 그곳에는 이미 많은 이용자들이 있을 것입니다. 가상 세계지만 사적으로 모이고 싶을 때 번화가 거리를 이용하면 좋을 것입니다.

◀ 번화가 모습

# 아이템 만들기 with 제페토 스튜디오

## 아이템 만들기

제페토에서는 누구나 아이템 소비자가 되기도 하고 아이템 생산자인 크리에이터가 될 수도 있습니다. 내가 만든 아이템을 판매해 수익을 내고 많은 사람이 내 아이템을 이용해 캐릭터를 꾸민다면 보람 있는 일이 될 것입니다.

이번 장에서는 제페토 아이템 만드는 방법을 알아보겠습니다. 아이템은 제페토에서 제공하는 기본 템플릿을 이용하여 디자인하는 방법과 3D모델링을 통해 원하는 의상 모양의 템플릿을 만들어 디자인하는 방법이 있습니다. 기존에 있는 템플릿으로 디자인하는 방법은 간단하지만 정교한 결과물을 기대할 수 없습니다. 3D로 디자인하면 정교한 결과물을 얻겠지만 마야나 블랜더 같은 3D 모델링 프로그램의 사용법을 알아야 한다는 단점이 있습니다.

따라서 여기에서는 누구나 쉽게 아이템을 디자인할 수 있도록 기본 템플릿을 이용한 디자인 방법을 알아보겠습니다.

아이템은 모바일과 PC 환경에서 만들 수 있는데, 이 책에서는 PC를 기준으로 설명하겠습니다. 또한 다양한 디자인 소스를 쉽게 구할 수 있는 '미리캔버스'라는 웹사이트를 활용하여 아이템을 디자인해보겠습니다.

---

 모바일 환경도 PC와 크게 다르지 않습니다. 미리캔버스 모바일 웹사이트 또는 '이비스 페인트'라는 앱을 활용해 만들 수 있습니다. 이 책에서는 미리캔버스 PC버전 기준으로 설명하지만 모바일 버전과 큰 차이는 없습니다.

---

• 템플릿으로 만들기

① 네이버 검색창에 '제페토 스튜디오'를 검색하여 제페토 스튜디오에 접속합니다.

② 화면 중앙의 [시작하기] 버튼을 누릅니다.

③ 제페토 계정으로 로그인합니다.

> 💡 Tip  스마트폰으로 제페토 앱에 접속하여 PC 화면의 QR코드를 찍어서 로그인하는 방법도 있습니다.

④ 왼쪽 상단의 [만들기] 버튼을 누르고 아이템을 선택합니다.

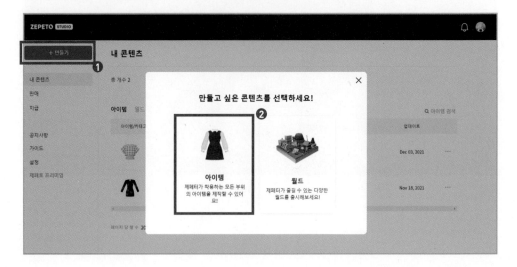

⑤ 스크롤을 내려 원하는 아이템을 고릅니다. 슬림핏 여성 정장을 선택하여 디자인해 보겠습니다.

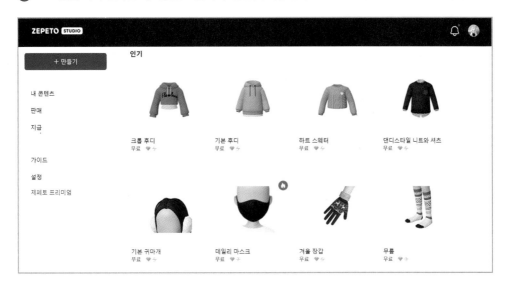

⑥ 템플릿 다운로드를 눌러 템플릿을 다운로드합니다.

⑦ 템플릿을 다운로드하면 _MACOSX 폴더와 PNG, PSD 파일이 생깁니다. 맥 사용자는 _MACOSX 폴더 안의 파일을 이용하면 됩니다.

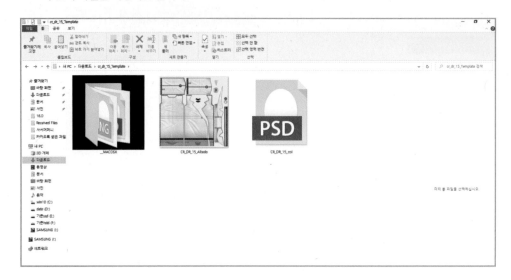

> 🔆 **Tip** 포토샵으로 아이템을 디자인할 때는 PSD 파일을 이용합니다. 미리캔버스로 디자인하려면 PNG 파일을 이용합니다. 하지만 두 가지 방법 모두 마지막 결과물은 'PNG' 파일 형식으로 저장해야 제페토 스튜디오에 업로드가 가능합니다.

⑧ 검색창에서 '미리캔버스'를 검색합니다. 화면 오른쪽 상단의 **[5초 회원가입]** 버튼을 이용해 로그인합니다.

CHAPTER 03. **제페토 활용하기**

⑨ 화면 오른쪽 상단의 **[디자인 만들기]** 버튼을 누르고 '직접입력'을 선택합니다. 이미지 크기를 입력하고 **[새 디자인 만들기]** 버튼을 누릅니다.

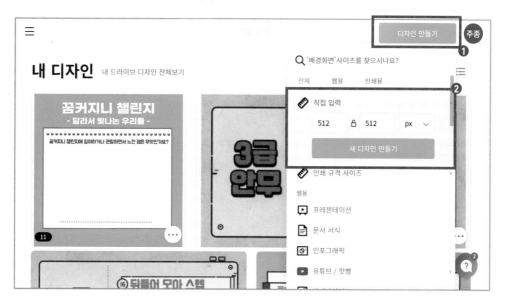

**Tip** 이미지 사이즈가 클수록 템플릿에 해상도가 높은 선명한 이미지를 넣을 수 있습니다. 제페토 스튜디오에서는 최대 512×512px까지만 디자인이 가능합니다. 아래의 그림을 보면 이미지 사이즈를 크게 디자인할수록 해상도가 높아 상대적으로 이미지가 선명한 것을 확인할 수 있습니다.

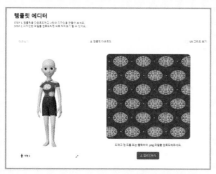

▲ 200×200px 크기로 업로드한 모습

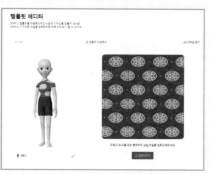

▲ 512×512px 크기로 업로드한 모습

⑩ 화면 왼쪽의 **[업로드]** 탭을 선택하고 **[내 파일 업로드]** 버튼을 눌러 제페토 스튜디오에서 다운받은 템플릿 파일을 업로드합니다.

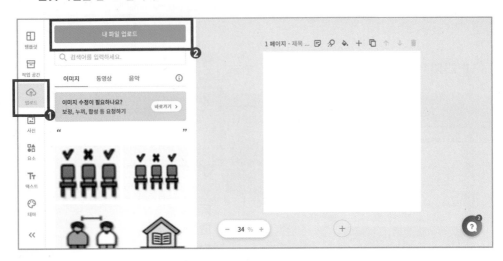

⑪ PNG 파일을 열어 제페토 스튜디오에서 다운받은 슬림핏 여성 정장을 선택합니다.

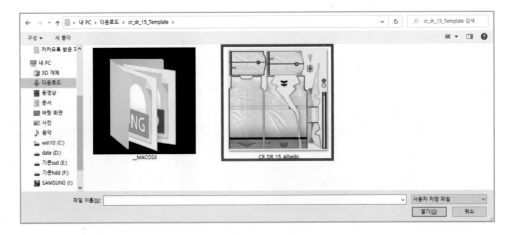

⑫ 화면 왼쪽의 업로드한 파일 이미지를 클릭하면 오른쪽에 작업할 수 있는 템플릿이 나타납니다.

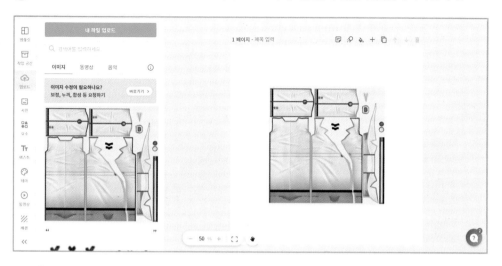

⑬ 템플릿을 전체 이미지 크기에 맞춰보겠습니다. 마우스 오른쪽 버튼을 누르고 **[배경으로 만들기]** 메뉴를 선택하면 처음에 지정했던 이미지 크기에 맞게 사이즈가 변경됩니다.

⑭ 화면 왼쪽의 **[요소]** 탭을 눌러 원하는 이미지를 선택하면 템플릿 위에 선택한 이미지가 나타납니다.

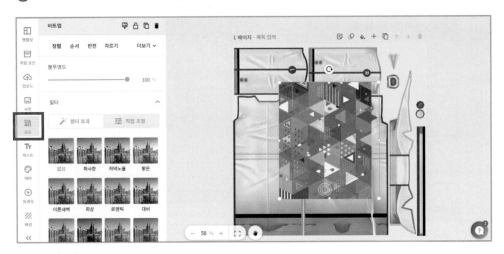

> Tip 마우스로 이미지를 클릭하면 테두리와 흰색 동그라미가 나타납니다. 테두리나 동그라미 모양을 드
> 래그하면 이미지의 크기를 조절할 수 있습니다.

⑮ 이미지의 테두리를 드래그하여 크기를 템플릿과 일치하게 해줍니다.

> Tip 의상에 넣을 이미지는 여러 개를 이용할 수도 있습니다. 예를 들어, 다른 이미지를 활용해 의상 앞
> 면과 뒷면을 각각 디자인할 수 있습니다.

⑯ 슬림핏 여성 정장 앞면에 글자를 넣기 위해서 화면 왼쪽의 불투명도 바를 조절하여 투명도를 조절합니다. 투명도를 조절하지 않으면 템플릿의 의상 도안이 어느 위치에 있는지 보이지 않아서 글자가 어느 위치에 들어가는지 알 수 없기 때문입니다.

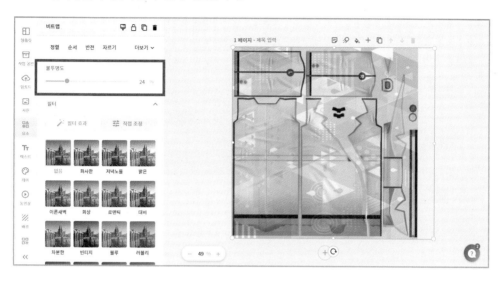

⑰ 화면 왼쪽의 [텍스트] 탭을 눌러 글씨체를 선택하면 템플릿에 글씨가 삽입됩니다.

⑱ 글자를 원하는 스타일로 수정한 후 적당한 위치에 배치합니다.

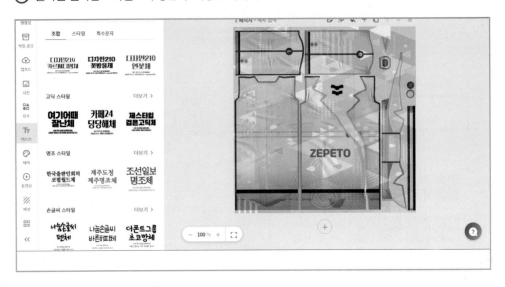

⑲ 불투명도를 다시 100으로 조절하고, 화면 오른쪽 상단의 **[다운로드]** 버튼을 눌러 PNG 파일 형식으로 저장합니다.

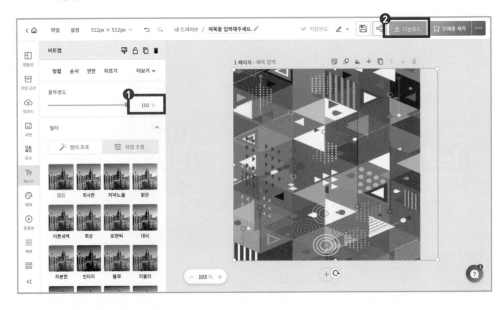

> **Tip** 이때 불투명도를 원래대로 조절하지 않으면 화면에 보이는 대로 아이템이 디자인됩니다. 따라서 불투명도를 원래대로 조절해줘야 의도한 디자인이 완성됩니다.

⑳ 다시 제페토 스튜디오 창으로 돌아옵니다. 화면 하단의 **[업로드하기]** 버튼을 눌러 앞 단계에서 저장한 PNG 파일을 업로드합니다.

> **Tip** 이때 저작권에 문제가 없는 이미지를 바로 업로드해도 의상아이템을 완성할 수는 있습니다. 하지만 글자 삽입, 여러 개의 디자인 소스를 활용한 아이템 제작을 위해서는 미리캔버스와 같은 이미지 편집 사이트나 프로그램을 활용해야 합니다.

㉑ 캐릭터가 새 옷을 입었는지 확인하고 오른쪽 상단의 **[확인]** 버튼을 누릅니다.

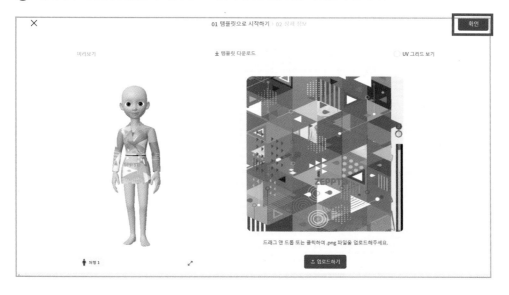

㉒ 이름, 태그, 가격 등의 정보를 입력하고 [저장] 버튼을 누릅니다.

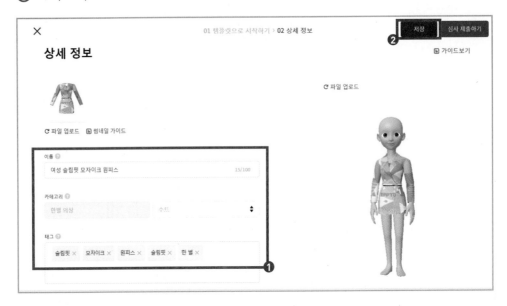

㉓ 제페토 스튜디오의 메인화면에서 '내 콘텐츠'를 선택하고 내가 만든 아이템 옆의 … 모양을 눌러 [휴대폰에서 미리보기]를 클릭합니다.

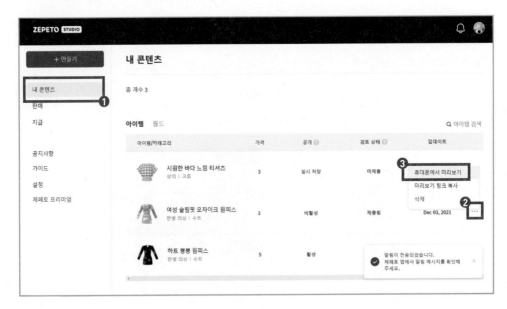

㉔ 제페토 앱의 알림창에 들어가 아이템이 잘 만
들어졌는지 확인합니다.

Tip 아이템을 착용시킨 후 하단의 제스처와 숫자를 선택해 다양한 포즈로 변경해서 어떻게 보여지는지
확인해보는 것이 좋습니다.

㉕ 아이템에서 수정할 내용이 없으면 제페토 스튜디오로 돌아와 내가 만든 아이템을 클릭하고 오른쪽 상단의 **[심사 제출하기]** 버튼을 누릅니다. 심사 가이드라인 내용을 확인하고 **[심사 제출하기]** 버튼을 누릅니다.

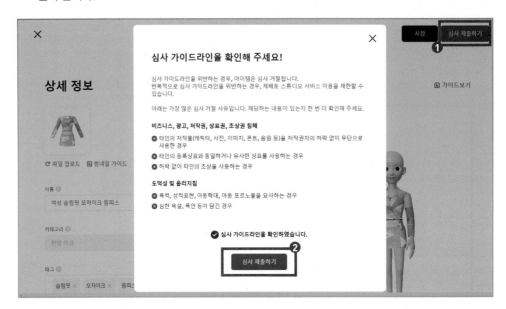

💡**Tip** 아이템 심사기간은 최대 2주 정도 소요됩니다. 템플릿을 이용해서 제작하면 동시에 최대 3개까지 심사 요청이 가능합니다. 화면 왼쪽의 내 콘텐츠 메뉴에서 아이템 심사 상태를 확인할 수 있습니다. 또한 판매와 지급 버튼을 누르면 판매 현황과 아이템 수익 지급 현황을 각각 확인할 수 있습니다.

## 알아두세요

① 포토샵으로 아이템을 만들려면 다운받은 템플릿 파일 중 PSD 형식의 파일을 사용해야 합니다.

② 3D로 디자인할 경우 블렌더, 마야, 3D 맥스 같은 전문가용 프로그램을 사용합니다. 다만 이 프로그램은 일반인들이 사용하기에 난도가 높아 추천하지는 않지만, 전문적인 크리에이터들이나 학원에서는 이 프로그램을 사용하여 아이템을 제작하고 있습니다. 전문적으로 제작하기를 원한다면 유튜브에도 사용 방법을 알려주는 동영상이 있으니 찾아보기 바랍니다.

# 이프랜드 활용하기

# 이프랜드란?

## 이프랜드 플랫폼 소개

우리나라 메타버스 산업을 이끌고 있는 SK텔레콤은 2021년 '이프랜드'라는 메타버스 플랫폼을 출시하였습니다. 이프랜드ifland란 수많은 가능성if이 현실이 되는 공간land이라는 의미입니다.

이프랜드는 사람들이 가상공간에 모여서 강의나 회의, 친목 모임 등을 할 수 있게 도와주는 플랫폼입니다. 아바타와 아이템, 랜드land가 3D로 구현되는 공간에서 나의 아바

▲ 이프랜드 메인 화면[15]

---

15) 출처 : 이프랜드 홈페이지(https://ifland.io/)

타가 자유롭게 돌아다니며 다른 아바타와 소통할 수 있습니다. 특히 아바타와 아이템은 800여 종이나 제공되므로 각자의 개성에 따라 헤어스타일, 키, 옷, 체형 등을 선택할 수 있습니다. 또한 감정표현 모션도 66종이나 제공되어 섬세한 감정 표현도 가능합니다. 이프랜드는 안드로이드 OS와 iOS 기반으로 먼저 출시되었고, 추후 단계적으로 VR디바이스 오큘러스 퀘스트 OS 등으로 서비스 범위를 넓혀갈 계획입니다.

▲ 이프랜드의 방에 입장한 모습

## 이프랜드만의 특징

이프랜드의 장점은 여러 가지가 있습니다. 첫 번째, 이프랜드는 휴대폰에 애플리케이션만 다운 받으면 될 정도로 쉽게 사용할 수 있습니다. 두 번째, 이프랜드의 아바타에 적용하는 아이템은 모두 무료 제공이라는 점도 접근성을 높이는 요인입니다. 세 번째, 프로필에 본인의 관심사나 취미를 적을 수 있고, 관심 있는 아바타를 팔로우 할 수 있습니다. 앞으로 이프랜드가 소셜 메타버스 플랫폼으로 발전할 가능성이 보이는 부분입니다. 네 번째, 이프랜드 플랫폼에서 PDF 파일과 영상 등의 공유가 가능하므로 회의에도 적합합니다. 또한 참여 가능 인원이 131명이나 되어 효율적인 가상회의 툴로 활용할 수 있습니다.

마지막으로 이프랜드에는 대형 컨퍼런스 홀, 학교 대운동장, 야외무대, 모닥불 룸 등 18개의 테마가 있는 가상공간이 있어서 이용자가 자유롭게 랜드를 만들 수 있습니다. 주로 강연을 위한 컨퍼런스홀, 함께 음악을 감상할 수 있는 별빛 캠핑장, 소통을 위한 타운홀 등의 랜드가 많이 만들어지고 있습니다.

SKT텔레콤은 초고속 무선 네트워크 5G 기술을 기반으로 AR과 VR 관련 기술을 꾸준히 개발하고 있으므로 이프랜드는 앞으로의 성장이 더욱 기대되는 플랫폼입니다.


## 이프랜드 활용 사례

### • 교육기관 : 과학기술정보통신부의 청소년 과학페어

과학기술정보통신부는 한국과학창의재단과 함께 이프랜드에서 '2021 청소년 과학페어'를 운영하였습니다. 과학자를 꿈꾸는 청소년들이 이 행사에 참가해 자기만의 아바

▲ 이프랜드에서 진행된 2021 청소년 과학페어[16]

---

16) 출처 : 데일리안(https://dailian.co.kr/news/view/1047411/)

CHAPTER 04. **이프랜드 활용하기**

타를 만들어 자유롭게 소통하고 다양한 과학 콘텐츠를 즐겼습니다.

이 행사를 위해 성장의 샘, 지혜의 숲, 세계의 문 3가지 유형의 가상공간이 이프랜드 플랫폼에 조성되었고, 주 공간인 성장의 샘에는 한국형 발사체 누리호, 천리안위성 28호, 달 궤도선 등 우리나라 주요 과학기술 10선이 소개되었습니다.

### • 기업 : Sh수협은행의 신입행원 퀴즈대회

Sh수협은행은 신입행원의 디지털 플랫폼 활용능력 및 관심도 제고를 위해 '2021 수협은행 메타버스 퀴즈대회'를 이프랜드에서 개최하였습니다. 코로나19로 신입행원 연수원 교육과정이 축소된 것을 갈음하기 위해 마련한 이 대회에서 신입행원들은 각자의 개성이 담긴 아바타를 만들어 OX 퀴즈에 참여하거나 아바타 댄스대회, 아바타 인기투표 등에 참가하며 즐거운 시간을 보냈습니다.

또한 비대면 업무와 페이퍼리스, 모바일뱅킹 등 디지털 혁신을 주제로 동기들과 다양한 퀴즈를 풀면서 업무를 배웠습니다.

▲ Sh수협은행 신입행원 메타버스 퀴즈대회[17]

---

17) 출처 : 파이낸셜 뉴스(https://www.fnnews.com/news/202111091406107696)

• 공공기관 : 유엔 평화유지 장관회의 D-100 기념행사 개최

외교부는 평화유지 활동 분야 최대 규모, 최고위급 회의체인 '2021 서울 유엔 평화유지 장관회의 D-100 기념행사'와 청년 피스 키퍼 발대식을 이프랜드에서 개최하였습니다. 환영인사 및 청년 피스 키퍼 소개, D-100 축하 메시지 상영, 엠블럼 공모전 시상식, 베스트 비전상 발표 등이 이프랜드 플랫폼에서 진행되었습니다. 이는 외교부가 메타버스 플랫폼을 활용한 첫 온라인 행사라는 점에서 의미가 깊습니다.

▲ 2021 서울 유엔 평화유지 장관회의 D-100 기념행사[18]

18) 출처 : 아주경제(https://www.ajunews.com/view/20210829101859775)

CHAPTER 04. 이프랜드 활용하기

## 이프랜드 크리에이터

이프랜드에서는 2021년 '메타버스 크리에이터 챌린지'를 개최하여 웹 드라마, 숏폼, 인스타툰의 3개 부문의 우수 크리에이터들에게 시상 및 총 4,000만 원의 상금을 수여하였습니다. 수상작들은 이프랜드 홈페이지https://ifland.io에서 확인할 수 있습니다.

▲ 웹 드라마 부문 대상

▲ 숏폼 부문 대상

◀ 인스타툰 부문
대상

# 이프랜드 사용해 보기

## 설치 후 시작하기

① 구글 플레이스토어나 앱스토어에서 '이프랜드'
를 검색하여 앱을 설치합니다. 설치가 완료되
면 앱을 실행합니다.

② T아이디, 페이스북, 구글 중 로그인 방법을 선
택합니다. 서비스 이용 안내 메시지가 나오면
해당 항목을 체크한 뒤 **[동의하고 시작하기]** 버
튼을 누릅니다.

# 프로필과 아바타 설정하기

## 01 프로필 설정하기

① 원하는 아바타를 고르고 닉네임을 정한 후 **[ifland 시작하기]** 버튼을 누릅니다.

② 닉네임을 누르면 프로필을 설정할 수 있습니다.

③ 프로필 설정 화면의 닉네임을 누르면 새로운 닉네임으로 바꿀 수 있습니다.

④ 변경할 닉네임을 입력하고 **[저장]** 버튼을 누릅니다.

⑤ 자기소개, 관심주제, SNS 링크 항목을 차례대로 등록합니다. 관심태그는 최대 3개까지 지정할 수 있습니다. [확인] 버튼을 누릅니다.

⑥ 닉네임과 프로필이 변경되었습니다. 또한 관심태그가 추가되었습니다.

## 02 아바타 꾸미기

① 홈 화면에서 아바타를 선택합니다.

② 무료로 제공되는 아이템으로 헤어스타일, 액세서리, 의상 등을 바꿀 수 있습니다. 선택 후 **[저장]** 버튼을 누릅니다.

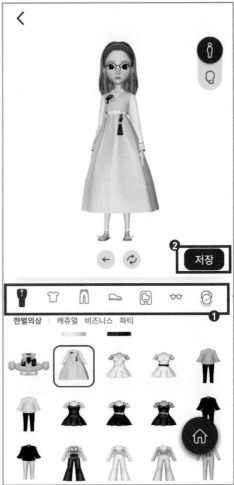

# 방land 만들어 모임하기

## 01 다른 사람이 만든 방에 들어가기

① 홈 화면 아래에 다른 사람이 만들어 놓은 방 목록이 표시됩니다. 들어가고 싶은 방을 선택하면 방에 입장할 수 있습니다.

② 들어가고 싶은 방에 입장할 수 있는 시간이 많이 남았다면 알림 등록 버튼을 눌러 모임 시작 10분 전에 알림을 받을 수 있습니다.

 **Tip 1** 키워드 검색 기능이 없으므로 방 목록을 하나씩 드래그하여 살펴보아야 합니다.

 **Tip 2** 아바타가 활동하는 공간을 이프랜드에서는 land(랜드 또는 방)라고 합니다.

③ 추가 그래픽 다운로드를 묻는 화면이 나타나면 **[예]**
를 선택합니다.

추가 그래픽을 다운로드 할까요?
Wi-Fi 연결을 권장합니다.
25.5 MB

아니요 　　　　　　 예

## 02 방 만들기

① 홈 화면 하단의 **[+]** 버튼을 누르면 방을 만들 수 있습니다.

② 방 제목을 입력하고 방 주제에 어울리는 테마를 선택합니다. 공개/비공개를 선택한 뒤 **[저장]** 버튼을 누르면 방이 생성됩니다.

## 03 방 기능 알아보기

### ・이동하기

① 화면 왼쪽 하단의 둥근 모양 아이콘을 터치하여 움직이면 아바타가 이동합니다. 의자 위의 '+'를 누르면 의자에 앉을 수 있습니다.

② 다시 일어나려면 왼쪽 하단의 둥근 모양 아이콘을 터치하여 움직입니다.

③ 시야를 바꾸려면 화면을 터치하여 방향을 바꾸어줍니다.

## • 참여 인원 확인하기

① 화면 왼쪽 상단에 있는 사람 두 명 모양의 아이콘을 누르면 방에 참여한 인원을 확인할 수 있습니다.
캐릭터를 눌러 팔로우를 추가할 수도 있습니다.

② 느낌표 아이콘을 누르면 방 정보를 볼 수 있습니다. 이 방에 다른 사람을 초대하려면 **[공유]** 버튼을
누릅니다.

③ 지구 모양 아이콘을 누르면 다른 방을 탐색할 수 있습니다. 다른 방으로 이동하려면 홈 화면으로 나간 뒤에 이동할 수 있습니다.

④ 사람 한 명 모양의 아이콘(👤⁺)을 누르면 다른 사람에게 방의 정보를 공유하여 초대할 수 있습니다

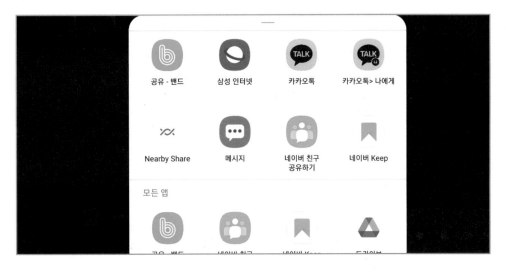

## • 내가 만든 방에서 자료 공유하기

① 내가 만든 방에서 화면 오른쪽 상단의 리모콘 아이콘 누르면 다른 사람들과 자료를 공유할 수 있습니다.

② 오른쪽 하단의 **[자료 공유]**를 선택한 뒤 공유할 파일을 첨부합니다. 이때 공유할 수 있는 자료 유형은 문서 파일(PDF), 비디오 파일(MP4), 이미지 파일만 가능합니다.

③ 내가 공유한 자료가 나타납니다. 화면 오른쪽 상단의 ✥ 아이콘을 누르면 방(land) 안 스크린에 내가
  공유한 자료가 나타납니다.

④ 방 안의 스크린에 내가 공유한 자료가 나타납니다.

## • 다른 사람이 공유한 자료 보기

① 화면 오른쪽 상단의 네모 아이콘 누르면 다른 사람이 공유한 파일을 볼 수 있습니다.

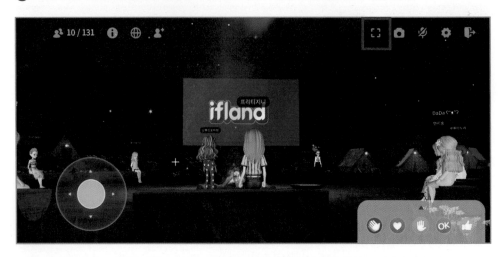

② 오른쪽 상단의 네모 아이콘을 한 번 누르면 방(land) 안의 스크린에 공유 파일이 나타납니다.

## • 카메라 · 마이크 설정하기

① 화면 오른쪽 상단의 카메라 아이콘
을 누르면 아바타를 촬영할 수 있습
니다. 또한 화면 오른쪽 상단의 마
이크 아이콘을 눌러 마이크를 끄고
켤 수 있습니다.

🔅Tip　촬영된 아바타 이미지는 갤러리(앨범)의 ifland 폴더에 저장됩니다(삼성 갤럭시 스마트폰 기준).

## • 공지 작성하기

① 방 안의 다른 사람들에게 공지 내용을 전달하
기 위해 화면 오른쪽 상단의 톱니바퀴 모양 버
튼을 누르고 [공지 등록] 버튼을 누릅니다.

② 공지 내용을 작성한 후 [저장] 버튼을 누릅니
다.

③ 내가 등록한 공지
는 홈 화면의 land
정보에서 확인 가
능합니다.

• 아바타 감정 표현하기

① 화면 오른쪽 하단
의 하트 아이콘을
누르면 아바타 머
리 위로 하트 풍선
이 나타납니다.

② 손뼉 아이콘을 누
르면 아바타가 손
뼉 치는 모습이 나
타납니다. 이 밖에
도 60여 개의 이
모티콘으로 아바
타의 감정을 표현
할 수 있습니다.

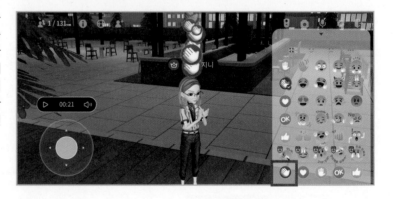